**TT** 徹底的に
**P** パクって
**S** 進化させる

学びを最大化する

# TTPS
# マネジメント

中尾隆一郎
鈴木利和
肱岡優美子

Discover
ディスカヴァー

## TTPSって何？

みなさんは「TTPS」という言葉をご存じですか？「TTP」なら聞いたことがある、という方もいらっしゃるかもしれません。

「徹底的にパクる、ってやつだろう？」

はい、そのとおりです。「TTP」とは「徹底的にパクる」の頭文字をとってつくられた造語です。語源には諸説あります。

そして「TTPS」は、「TTP」に「進化させる」の頭文字「S」を加えたものです。**「TTPS」とはすなわち、「徹底的にパクって進化させる」の略語**というわけです。

この「TTPS」は、本書の著者の一人である中尾隆一郎がリクルートに勤めてスーモカウンター事業の責任者をしていた時期に、スーモカウンターで生まれた言葉であり、方法論です。

本書では、「TTPS」の概要から実行のポイント、事例、応用などについてまとめることによって、みなさんがこのTTPSを実践できるようになることを目的に書きました。

このTTPSという方法を学ぶことで、自律自転する個人や組織をつくることができるようになります。

## なぜスーモカウンター事業は 急成長できたのか？

もう少し詳しくお話ししていきましょう。

TTPSは「ティーティーピーエス」と読み、中尾が、リクルートでスーモカウンターの責任者をしていた時代に、仲間と一緒に試行錯誤し

ながら事業を成長させた際に考えつき、実践していた方法です。

　中尾と当時の仲間たちは、**6年間で、スーモカウンターの売上30倍、店舗数12倍、従業員数5倍**という驚異的な結果を残しました。

　6年間で売上30倍ということは、平均すると毎年2倍弱のペースで成長し続けた計算になります。またこの期間の生産性を確認すると、店舗あたり売上2.5倍（売上30倍÷店舗12倍）、従業員あたり売上6倍（売上30倍÷5倍）という大幅アップを実現した計算になります。つまり、売上を大幅アップしただけでなく、生産性の大幅アップも同時に実現したわけです。

　スーモカウンターは、中尾が責任者の役割を離れた後も、6年間でさらに3倍以上の売上成長を実現しています。つまり、TTPSは特定の個人やチームに依存するノウハウではなく、組織に定着できる方法論だということが分かります。

　一般的には、このように組織規模が急拡大すると、従業員に過度な負担がかかり、組織にひずみが生じることがあります。その結果、従業員満足度が低下し、それに伴いサービスレベルが低下し、顧客満足度も悪化しがちです。すると、それらの複合要因の結果として、従業員の離職増加と、顧客の離脱が起きることが容易に想像できます。

　ところが、当時のスーモカウンターの従業員満足度は、リクルートグループ全社でもトップクラス、そして離職率は1桁台前半、顧客満足度も97%から98%という驚異的な高水準を維持していました。

　このような圧倒的な成果を実現できたのはTTPSという方法論によるところが大きいと考えています。詳しくは本書でこれから説明していきますが、みなさんの組織でもTTPSを活用することで、自律自転する個人や組織をつくりあげることができるのです。

　ここでいう自律自転とは、自ら考え、自ら行動することを指します。つまり自律自転する個人や組織とは、「自ら考えて行動する個人や組織」

ということです。あるいは専門的な表現で「学習し続ける組織」と言いかえることもできます。

## 「学ぶ」の語源は「真似ぶ」

さて冒頭でも申し上げたように、TTPSは、TTP（ティーティーピー）とS（エス）の2つに分解できます。それぞれTTP＝徹底的にパクる、そしてSは進化させる、ということです。（図1）

**TTP**

**徹底的にパクる**　　　　　　　　進化させる

**図1** TTPSの構成

ご存じの方もいるかもしれませんが、学習する、つまり「学ぶ」という言葉は、「真似ぶ」という言葉から生まれたという説があります。**先人（師匠や習熟者）の行動や考え方を「真似する」ことが「学ぶ」の語源である**ということです。

　武術や芸術などで〇〇道と呼ばれるものがあります。柔道、書道、華道などが代表的なものです。これら〇〇道の学びをイメージすると分かりやすいと思います。〇〇道の入門者、つまり初心者は、それぞれの流派の「型」を学ぶ、つまり真似することから始めます。
　これら〇〇道の上達の段階を「守破離」といいます。初級の段階が「守」にあたります。この段階では、〇〇道の基礎を学ぶわけです。そして初級段階である「守」を習得した後に、次の段階である「破」に進みます。「破」の段階で学ぶことは、漢字の意味からイメージしていただけると思います。型を学んだ「守」を「破る」わけです。この状態を「型破り」といいます。自分の個性が出てくるわけです。この段階になると一人前というわけです。

　TTPと守破離の関係を説明すると、守破離の「守」の段階がTTP（徹底的にパクる）、そして「破」の段階がTTPS（徹底的にパクって進化させる）にあたります。
　〇〇道を学ぶ際には、この守破離の「守」と「破」というステップを踏むのは、当たり前です。実際、スポーツなどでも、この考え方は取り入れられています。「基礎」を学んだ後に「応用」という独自性を学んでいくわけです。
　参考までに守破離の「離」は、さらに離れる段階です。超一流や天才といわれる人たちはここにあたります。

　ところが仕事では、暗黙知として、気がつかないうちに守破離を実行していることはあっても、自覚して守破離のステップを学べていないケースが多いのです。

そこでTTPSです。

スーモカウンターで守破離という表現をそのまま使ってもよかったのですが、守破離は、やはり○○道といった武術や芸術の言葉です。直観的に仕事と関係がないように思われがちです。

それでは、「守破離」の代わりに「先輩の仕事を真似しろ」などと言えばよい気もします。しかし現代では、自分の個性やオリジナリティーを重要視する人が少なくありません。他人と同じではなく、違いを大切にしている人たちです。特に若い人たちは、その傾向が強いのです。そのような方々にとって、「真似する」は、個性やオリジナリティーの対極の言葉に感じるようです。先輩の仕事を「真似する」ことは、理屈では分かっても、直観的に拒否されてしまいます。

同じことを言おうとしているのだとしても、TTP（ティーティーピー）やTTPS（ティーティーピーエス）は、破裂音が入っていることもあり、耳にやさしくカワイイ感じがします。

また、組織にだけ通じる言葉をつくると、副産物として、組織の一体感も生まれます。自画自賛のきらいはありますが、実際に私たちの組織では、そうでした。

ちなみにTTPという言葉は、昨今ではかなり市民権を得て、たくさんの方が使っています。その語源は、大手流通業が最初である、あるいは大手下着製造・販売会社の創業者が唱えていたなど諸説あります。いずれにしても、私たちがオリジナルではありません。

しかし、TTPS（徹底的にパクって進化させる）は、当時のスーモカウンターが考えたオリジナルの表現でした。まさにTTPという言葉をTTPSしたわけです。

繰り返しになりますが、このTTPSを学ぶと、自律自転する人や組織、つまり学習し続ける組織をつくることができるのです。

# TTPSは「学習し続ける組織」をつくる

　TTPという方法論は、大手流通業や大手下着製造・販売会社で使われていたことからも分かるように、組織の成長に役立ちます。

　組織では、誰が何をTTPするのでしょう。
　組織には、同じ職種の従業員がたくさんいます。最初は、その従業員同士が、地域、組織、年齢、役職、雇用形態などの違いを超えて、個人の仕事のノウハウを開示し合います。そしてそのノウハウやうまくいくコツなどを相互にTTPするのです。そうやって特定の個人やチームから始まったTTPの兆しが、組織の中でさらに進化（S）していきます。そうして新しく進化したノウハウを、全従業員がTTPしていくのです。そのサイクルを永続的に繰り返していくことで、個人も組織も成長していきます。
　**個人や特定のチームでTTPを実践している人たちはたくさんいます。それを組織全体でTTPすることができるかどうかが重要なポイントです。**

　実際、中尾が責任者をしていたスーモカウンターは、まさにそれを実践していました。全国にあるスーモカウンターの従業員、店舗から毎週、毎週、接客スキルアップのためのノウハウが共有されるのです。それを全従業員でTTPしていくわけです。毎週ですので、年に50回以上スキルアップの機会があるのです。その結果、スーモカウンターは、前述のような、すさまじいスピードで成長できたのです。

## TTPS勉強会

　中尾がスーモカウンターで実践していたTTPSに興味を持ったのが、二人めの著者である鈴木利和でした。組織開発が専門の鈴木は、このTTPSを世の中に広げることができれば、良い組織が増えていくに違い

ないと考えたのです。

　そこで鈴木は、中尾にTTPSを世の中に広げる勉強会、つまり「良い組織をつくるための勉強会」をやらないかという提案をしました。2013年のことでした。

　中尾も自分が担当している組織において、TTPSを導入すると従業員が自律自転で動き出し、生き生きと活躍するようになるのを目の当たりにしていましたが、これがリクルート、あるいは自分が担当していた組織ではなく、さまざまな組織で活用できるのかについては、半信半疑でした。しかし、面白そうだということで、二つ返事で勉強会のスタートを快諾したのでした。そして始まったのがTTPS勉強会です。


　それから、何度か勉強会存続の危機もありました。それは毎回コンテンツ（勉強会の中身：TTPすべき内容）を考えるのが大変だったからです。しかし、それらの危機を乗り越え、現在も毎月TTPS勉強会を開催し続けています。その数は80回になります。


　鈴木はアイデアマンで、TTPSゲームというボードゲームも開発しました。参加者全員が協力すれば全員が勝利できるという思想のもとにつくられている、ユニークなルールのゲームです。逆にいうと、誰かが自分だけ勝とうとすると、全員が負けてしまう。つまり参加者全員が協働すれば全員が勝利者になれるという、不思議なゲームなのです。

　具体的には、ゲームにおいて、ある瞬間強い人が、その瞬間に弱い人を助けることで、チーム全体が得られる成果が最大化されるルールになっています。

　そしてある瞬間に弱かった人が、別の瞬間には、他の人を支援できるような仕掛けが随所にあるのです。このゲームに参加するとTTPSの概念が理解できます。

# TTPS勉強会自身の3つの進化

　8年目を迎えるTTPS勉強会自体も進化しています。まさにTTPSを体現しています。

　スタート当初は、実際に人が集まって勉強会を実施する形式だけの、いわゆるリアルなイベントだったこの勉強会ですが、回を重ねる中で、3つの大きなTTPSを起こしています。

　ひとつめの進化はテクノロジーの活用です。

　2019年からZOOM（テレビ会議）やteamTakt（企業向け協働学習支援ツール）といった便利で安価なツールを活用することで、場所や一部時間の制約を外すことができました。その結果、海外から、遠方から、子育てしながらなど参加者の多様性を広げることができました。

　2つめの進化は、G-POPという考え方の導入です。

　従来の勉強会は、勉強会当日に何をするのかだけを考えていました。参加者も、当日に講演者から良い話を聞いて満足するというものです。今でも一般的な勉強会はそうではないでしょうか。

　しかしTTPS勉強会では、当日に何をするかを考えるだけだった従来のやり方を止めました。G-POPという考え方を導入し、Goal（目的）→Pre（事前）→On（当日）→Post（事後）の4ポイントの設計を行うようにしたのです。

　具体的には、まず主催者が勉強会のGoal（目的）を設定し、参加者はPre（事前）に課題を行います。その結果、講演者は事前に参加者の課題や質問を閲覧して参加者の状況やニーズを把握することが可能となり、それによってOn（勉強会当日）の内容の充実をはかることができるようになりました。またPost（事後）に、参加者は内省（リフレクション）を行います。こうして、勉強会で学んだことがより実践・実行され、個人や組織のスキルとして定着していくサイクルが出来上がったのです。

このように**Goal（目的）→Pre（事前）→On（当日）→Post（事後）の**サイクルを設計することは、**勉強会だけでなく、仕事のさまざまな場面においても役立つ**ことが分かってきています。

　3つめの進化は、勉強会自身のコンテンツ（中身）そのものの進化です。

　一般的な勉強会は、講師が参加者に講義を行い、参加者はそれを学ぶというものです。そこに何らかの個人ワークやグループワークを加えて、学びのレベルを上げようとします。

　TTPS勉強会は違うのです。2時間程度の勉強会のうち、講師が話をするのは20分程度です。大半は、講師もグループに入ってグループワークを行うのです。これこそ、前述したPre（事前）で事前課題を行っている成果です。事前に講師の本や記事を読み、なぜ講師がそのような判断をしたのかを各自が想像して、それをteamTaktに記入した後に勉強会に参加します。講師も勉強会参加者も、相互にteamTaktに記入した内容の閲覧が可能です。

　加えて、teamTaktには、他の人の記事にコメントを書いたり「いいね」を押す機能もあります。結果、勉強会に参加する前から、会ったこともない参加者同士で交流が始まり、人となりや考え方の相互理解が進むのです。講師も参加者がどのようなことに興味があるのか事前に把握できるのです。直接会わなくてもできることはPre（事前）に終わらせて、On（勉強会当日）には、参加者は講師になりきって（憑依して）勉強会に参加するわけです。当然一方的な講義など必要でなくなるのです。

　このような一連の進化を体感したのが、三人めの著者である肱岡優美子です。彼女は、TTPS勉強会に受講者として参加したのち、TTPS勉強会事務局として運営する側にまわり、事務局ミーティング（月に2回、ZOOMで1時間実施）に参加するようになったのです。

　そして、前述のG-POPという考え方や便利なテクノロジーの活用が、自分自身の仕事に応用可能だと感じたのです。

ちょうどその頃に、肱岡は本書の発行元である出版社ディスカヴァー・トゥエンティワンの「編集教室」というプログラムに参加しました。最終課題は、書籍の企画案を提出するというものでした。そこで肱岡はTTPSについての書籍企画を企画書にまとめて提出したのです。それが、そこでなんと大賞を受賞し、今回の出版の運びになったというわけです。

　念のために書いておきますが、本書の目的は、スーモカウンターがすごいという、中尾の古巣を礼賛することではありません。あるいは、TTPS勉強会を紹介することでもありません。TTPSという方法を紹介することで、みなさんが自律自転する個人となり、みなさんの会社やチームが学習し続ける組織に変化するためのノウハウをお伝えするために、私たちはこの本をまとめました。

　みなさんにはぜひTTPSという方法を学んで、自律自転する組織づくりを行っていただきたいと思います。
　この本が、その一助になれば望外の幸せです。

2020年12月　中尾隆一郎　鈴木利和　肱岡優美子

# この 本 の 使 い 方

　この本には、TTPSという方法を使って、自ら考え行動する、すなわち自律自転する人や組織をつくる方法が書かれています。

　なかでも鍵となるのは、ハイパフォーマー（高い成果を挙げている人）のノウハウやうまくいった事例の知見を他のメンバーやチームがTTPすることで、全体のレベルを上げることです。そのためには、ハイパフォーマーのノウハウやうまくいった事例の成功要因を、いかにして再現可能な型にするのかがポイントです。TTPSを使えば、それができるようになります。

　本書の構成は次のようになっています。

## 序章｜スーモカウンターから始まったTTPS

　スーモカウンターで起きた事業の成長事例を通じて、TTPSという方法の成り立ちや、そこからどのようにして体系化されてきたのかをまとめてみます。そしてスーモカウンターが目指した自律自転で学習し続ける組織をつくるうえで、TTPSという方法がどのように役に立ったかを紹介していきます。

## 1章｜TTPSの全体像と実践ステップ

　TTPSは大きく「徹底的にパクる」「進化させる」の2つを基本構造としています。そこに「制約条件理論」と「G-POP」という考え方を組み合わせることで、より高い効果を得ることが期待できます。これらを含めた全体像と、実践するうえでの具体的な5つのステップを紹介していきます。

## 2章 | TTPSを実践するコツ

　TTPSは、非常にシンプルな方法です。1章で紹介した5つのステップを踏むだけですぐに実践することができます。ですがこのとき、「ついやってしまいがちなこと」によってうまくいかないケースがあります。この「ついやってしまいがちなこと」とそれらをどのようにして回避するか、実践するうえでのコツを紹介しています。

## 3章 | TTPSの実践プロジェクト事例

　TTPSをプロジェクトやチームに導入した事例を紹介しています。TTPSという方法は、一人でもできますが、二人以上でやるとより効果が期待できます。さらにプロジェクトやチームに取り入れると、一人の優れたリーダーや天才に頼らずとも、メンバーが自ら考え行動することで成果に結びつく、自律自転の組織づくりにつながっていきます。

## 4章 | 日常で使える応用事例

　ビジネスやコミュニティー活動などにおいて日常的に起きている事例を題材に、具体的なTTPSの実践方法を紹介しています。ここで紹介しているのは、ほんの一例です。もし自分だったら「何を目的に、誰（どの事例）から、何をTTPするか」、ぜひ頭に思い浮かべながら読んでみてください。そして思いついたことがあったら、ぜひこの本に直接書き込んでもらってOKです。自分だけのTTPS事例集にしていってください。

## 5章 | 自律自転する人と組織に向けて

　TTPSという方法を実践していくうちに、どうにもうまくいかないことがでてくるかもしれません。自分一人ではできても、周りをうまく巻き込むにはどうしたらいいかと悩む場面がでてくるかもしれません。ここでは、鈴木が考案したTTPSゲームを題材に、自ら考え行動するために押さえておくポイントと行く手を阻む固定観念、組織の自律自転につ

ながる仕掛けを紹介しています。

　＊　＊　＊

　TTPS という方法で大切にしているのは、実践の中で学ぶことです。
この本を読んで「なるほど、役に立つ話だったなぁ」と感じてもらえた
ら嬉しいです。さらに何かひとつ、すぐにできそうなことから試してみ
たくなり、実際にやってもらえたらもっと嬉しいです。そしてできれ
ばこの本を本棚には置かず、すぐ取り出せるところに置いてください。
ワークシートを載せていますので、実践の中で困ったときに必要なペー
ジを見直し、試してみたことと、その結果として起きたことを書き込み
ながら使い倒してください。

# 序　章

# スーモカウンターから
# 始まったTTPS

スーモカウンターで起きた事業の成長事例を通じ
て、TTPSという方法の成り立ちや、そこからどのよ
うにして体系化されてきたのかをまとめています。
そしてスーモカウンターが目指した自律自転で学
習し続ける組織をつくるうえで、TTPSという方法
がどのように役に立ったかを紹介していきます。

# 初期のスーモカウンターが抱えていた課題

　スーモカウンター[1]というリクルートのサービスをご存じですか？ スーモカウンターは、リクルートが提供している住宅関連のサービスです。

　具体的には、注文住宅を建てたい、あるいは、新築マンションを購入したい個人顧客（カスタマ[2]）とハウスメーカー・工務店・新築マンション会社などの法人顧客（クライアント[3]）を、アドバイザーという専門スタッフがマッチングするサービスです。2020年現在、日本全国で200か所以上展開しています。

　中尾がこのスーモカウンターを担当した当初は、注文住宅のサービス拠点が神奈川県で4か所、新築マンションのサービス拠点が東京銀座に1か所、合計5か所でした。当時から、創業メンバーと一緒に全国展開を夢見ていました。この素敵なサービスをできる限りたくさんのカスタマに利用いただきたいと考えていました。

　スーモカウンターのwebサイトによれば、2020年10月現在、注文住宅で39都道府県、新築マンションで12都道府県に展開し、店舗数は200店舗以上を数えます。まさに夢が実現しています。

　中尾がスーモカウンターを担当しはじめた当時は、まだまだ利用カスタマの数も限られていました。カスタマの数は少なかったのですが、「1組1組心を込めて」を合言葉に、もしもカスタマが友人や親戚の人だったらどうするかをサービス基準に、丁寧に要望を伺い、その要望に最適なクライアントを紹介していました。

　その甲斐もあって、カスタマの満足度はほぼ100％。実数でいうと顧客満足度97〜98％という高位安定の評価でした。

---

1　https://www.suumocounter.jp/（2020年現在のURL）
2 3　スーモカウンターのようなマッチングサービスでは、2種類の顧客がいる。混乱しないように個人顧客を「カスタマ」、法人顧客を「クライアント」と呼び分けている。

一方の、クライアント側の満足度も80％程度でした。これでも十分高いのですが、カスタマ側の満足度のほぼ100％と比較すると見劣りしました。理由は簡単、中尾が担当していた当時は、クライアントに十分な数のカスタマを紹介できていなかったからです。

　十分な数のカスタマを紹介できなかったのは、アドバイザーのスキルのバラツキによるものでした。
　当時のアドバイザーの主な仕事は次の3つになります。
　①カスタマの要望をヒアリングする、②その要望にあったクライアントを紹介する、③実際にカスタマとクライアントの担当者をマッチングする──つまり、次の3ステップでサービス提供を行っていたわけです。

①要望ヒアリング
②クライアント紹介
③マッチング

　前述のアドバイザーのスキルのバラツキは、この3つのすべてのステップで起きていました。具体的には、①要望ヒアリングの巧拙、②クライアントの選択と紹介の仕方の巧拙、③担当者のマッチングの巧拙と、3つの段階それぞれにおいて差異が出るのです。（図2）

　カスタマの要望のヒアリングが甘い（①）と、適切なクライアントの紹介（②）はできません。カスタマの要望に合っていないクライアントを紹介されても、会いたいとは思いません。つまりマッチングが成立しない（③）のです。
　また、カスタマの要望をきちんとヒアリングできたとしても、適切なクライアントを紹介できるとは限りません。特に、クライアントの特徴を正確に把握できていないと、せっかくカスタマの要望にぴったりのクライアントがいたとしても、カスタマが会いたいと感じないのです。

|  | ① ヒアリング | ② クライアント紹介 | ③ マッチング |
|---|---|---|---|
| **マッチングの3STEP** | カスタマの要望をヒアリング | その要望にあったクライアントをご紹介 | 実際にカスタマとクライアント担当者をマッチング |
| **差がでるPOINT** | 要望ヒアリングの巧拙 | クライアントの選択と紹介の仕方の巧拙 | 担当者のマッチングの巧拙 |

## ①〜③のすべてにおいて一定水準の高いレベルが求められる

図2 スーモカウンターのアドバイザーに求められたスキル

では、どうしてカスタマ側の満足度が高かったのでしょうか？ 詳しくは後ほど説明しますが、簡単にいうと、TTPSによって①〜③のステップをどんどん改良できたからです。これは内部のアドバイザーと本部スタッフの努力のたまものです。

## それまでになかった<br>「複数の選択肢を提示する」サービス

カスタマの満足度が高い理由として、もうひとつ大きなポイントもありました。それは、当時はスーモカウンター以外に注文住宅と新築マンションを検討するカスタマが相談する場所がなかったのです。

これは一般的な不動産を検討する場合と比較すると分かりやすいでしょう。通常カスタマが引越しを検討すると、新居を見つけるために不動産会社に相談にいきます。ところが一般的な不動産会社が扱っているのは、賃貸住宅、中古住宅、そして土地、そして建売住宅（出来上がっている新築一戸建て住宅）なのです。大半の不動産会社は、注文住宅や新築マンションは扱っていないのです。

では、注文住宅や新築マンションを検討するカスタマは、どこに行けばよいのでしょうか。注文住宅であれば、住宅展示場のモデルハウスに、新築マンションであればモデルルームです。不動産会社で扱っていないとしても、注文住宅のモデルハウスや新築マンションのモデルルームに行けばいいのであれば、問題なさそうです。

ただし不動産会社には、カスタマに対して「複数の選択肢を提示する」という機能があります。カスタマが要望を伝えると、複数の物件を紹介してくれるのです。カスタマは不動産会社に相談し、実際の物件を見学しながら自分にとって最適な物件を見つけることができます。
ところがモデルハウスやモデルルームには、不動産会社にあるこの「複数の選択肢を提示する」という重要な機能がありません。

カスタマは、住宅展示場のモデルハウスやモデルルームで担当者に相談はできます。しかし担当者は、当然ですが、自社の一戸建てや新築マンションを営業するのが仕事ですから、自社商品以外の「複数の選択肢」を提示することができません。しかし当然ながら、住宅は高額な商品ですから、カスタマにとって「複数の選択肢」から選ぶことは必須に近いのです。

　そう考えると、住宅展示場や新築マンションのモデルルームは、カスタマがある程度要望を自分で整理し、会社や物件を絞り込んだ後に行く場所であることが分かるでしょう。

　そこでスーモカウンターです。

　不動産会社が扱っていない注文住宅や新築マンションに絞ってサービスを提供します。前述の②で複数物件を紹介することを行っているのです。これこそ、不動産会社の代わりに提供する重要な機能です。

　前述のようにカスタマ満足度がとても高いのは、これが理由でもあります。当時は、他にこの機能を持っているサービスや場所がなかったのです。

## TTPSの誕生とスーモカウンターの全国展開

　カスタマ満足度が高い、つまり良いサービスなのは間違いありません。しかも他社はまだ同じサービスを提供していないのです。そうだとすると、一日でも早く全国展開したいですし、すべきだと考えたのです。いや、もっと正確に表現すると、「一定水準以上のサービスを維持しながら全国展開したい」と考えました。

　それはそうです。全国に店を展開したはいいが、店ごとに提供しているサービスレベルがばらばらだと、相談に来たカスタマにとっては話になりません。そして、一律だとしても、そのサービスレベルが低ければ、同じく話にならないわけです。

　しかし、この一定水準以上のサービスを維持しながら全国展開すると

いうのは、口で言うのは簡単ですが、実現するのは簡単ではありません。

　そこで、まず最終的にありたい理想のイメージをつくりました。全国に展開している各店、各アドバイザーが、日々サービスレベルを向上している。そして、そのサービスが向上したポイントやノウハウが全国の他の店に展開されていく。そして、その向上したサービスを活用し、他の店、他のアドバイザーがレベルを上げる。これを永遠に繰り返し行っている状態を理想だと置きました。

　この状態が実現していれば、サービスレベルを向上しながら、その向上した状態により一定水準のサービスが提供できます。そして一定水準に満足することなく、レベルアップし続けることができるのです。なかなか素敵な状態です。

　これがまさに「**自律自転している組織**」です。

　一定水準以上のサービスを組織でTTP（徹底的にパクる）し、常に進化を目指し、TTPS（徹底的にパクって進化する）する。このようにTTPとTTPSを実現できれば、自律自転、そして進化し続ける、学習し続ける組織ができると考えたのです。

　実際、このTTPSがスーモカウンターの現場に定着した結果、前述のように6年間で売上30倍、店舗数12倍、従業員数5倍という急成長と生産性向上、そして低離職率を同時に実現できたのでした。

　この急成長の秘密を知りたい、TTPやTTPSという呪文は何なんだ！という問い合わせをいただき、当時はよく社内外で講演や勉強会を行っていました。

①〜③のステップすべてで　　　　　　　当時はスーモカウンター以外にカスタマが
一定水準以上の　　　　　　　　　　注文住宅と新築マンションを
サービス提供ができていた　　　　　複数の選択肢から選び相談する場所がなかった

最終的なありたい姿をイメージ：サービスレベルの日々向上。
全店に展開・共有し永遠に繰り返している状態が理想！
一定水準に満足することなく、レベルアップし続けることとした

一定水準以上のサービスをＴＴＰ。
そして、常に進化をしている状況をＴＴＰＳと名づけ、
これを実現できれば、自律自転、そして進化し続ける、学習し続ける組織ができると考えた

**図3**　ＴＴＰＳの誕生とスーモカウンターの全国展開

# 1章

# TTPSの全体像と
# 実践ステップ

TTPSは大きく「徹底的にパクる」「進化させる」の
2つを基本構造としています。そこに「制約条件理
論」と「G-POP」という考え方を組み合わせること
で、より高い効果を得ることが期待できます。これ
らを含めた全体像と、実践するうえでの具体的な
5つのステップを紹介していきます。

# 1 TTPSの全体像

TTPSの全体像は非常にシンプルです。「TTP」(徹底的にパクる)と「S」(進化させる)の2つの基本構造から成り立ちます。

## TTPで重要なのは、TT(徹底的)であること

TTP(徹底的にパクる)において重要なのは、「徹底的」であることです。わざわざ「徹底的」を強調するには理由があります。

芸事や武道では、型を学ぶ「守」の部分をとても大事にします。何度も繰り返して、身体に染み込ませます。型つまり基本ができあがると、その後の成長も期待できるのです。著名な書道家が毎朝「楷書」を書いて、自身の「型」を確認してから書に向かうという話があります。元プロ野球選手のイチローさんも、打席に入るまでの「ルーティン」、つまり「型」を大事にしていました。

ひるがえってビジネスの場面ではどうでしょうか? ビジネスでは、芸事や武道とは異なり、目に見えないことも少なくありません。そのせいか、自分のオリジナルや都合よく解釈し、真似しやすい部分だけを真似していることが多いのです。そして、TTPしてもうまくいかないという結果になってしまうのです。それはTTPではなく、真似しやすい部分をP(パクった)だけに過ぎません。

## TTPで成果を出すポイントは、TTPすべきポイントを正確にTTPする

ことです。TTPすべきポイントとは、社内外のハイパフォーマー(高い業績を挙げている人や組織)が高い業績を挙げている秘訣でありノウハウです。そのポイントをTTP(徹底的にパクる)し、自分のスキルにすればよいわけです。それがTTPのポイントなのです。

## 何をTTPすればいいか?

　TTPによって成果を挙げるためには、TTPする対象を間違わないことが重要です。成果が出ていない近くの先輩をTTPしてしまったら、悲劇です。成果が出ない方法をTTPすることになるからです。それを避けるためには、TTPする正しい対象を見つけ、その人が好業績を挙げる秘訣のポイントを明らかにする必要があります。それには少し工夫が必要です。

　**まずはハイパフォーマーを特定すること**がスタートになります。あるいは、ベストプラクティスと言いかえることもできるでしょう。これには各種データに加えて、定性情報を付加することが必要です。

　また、いかにハイパフォーマーであっても、あまりに特殊な、いわゆる天才的なものは一般人には真似できません。守破離でいうと「離」の部分にあたるような方々です。真似しようとしても真似できない人や事例をTTPしようとしても、まずうまくいきません。そうではないハイパフォーマーを特定することが重要です。

　この条件に合うハイパフォーマーを見つけることができたら、次のステップに進みます。それは現状把握です。じっくり現状把握します。ハイパフォーマーへのインタビューも有効です。しかし、それだけでは、効果は限定的です。なぜならば、ハイパフォーマーが当たり前にやっていることの中に秘訣ポイントがあることが多いのです。しかも、ハイパフォーマーは、当たり前にやっていることなので、それが重要なポイントだとは気づいていないのです。

## ハイパフォーマーとミドルパフォーマーを
## 徹底的に比較する

そこで有効なのが**「比較」**です。ハイパフォーマーとミドルパフォーマー（平均的な業績を挙げる人）が実際にやっていることを徹底的に比較するのです。業務の流れと具体的な行動を比較します。

ハイパフォーマーがやっていて、ミドルパフォーマーがやっていないこと。あるいは、その逆がハイパフォーマーの好業績の秘訣ポイントである可能性が高いので、そこから仮説を立てるといいでしょう。

そして、この仮説を立てた後、ハイパフォーマーに、その活動を行っている意図や背景をインタビューするのです。単にハイパフォーマーにインタビューすればいいわけではなく、比較により仮説を立てた後に聞くのが重要です。

このようなステップを通じて、TTPする対象とその秘訣を見つけることができます。

## 定期的な仮説検証が新たなTTPSを生む

ハイパフォーマーの好業績の秘訣ポイントを見つけ、それをTTPします。一人で実施してもいいのですが、チームなど組織を挙げて皆でTTPすると効果が出やすいです。それは、チームの皆で、うまくいったポイント、うまくいかなかったポイントなど、振り返りを定期的にできるからです。

すると、さらに業績を挙げるポイントが磨かれていきます。たとえば、顧客とのコミュニケーションであれば、どのような顧客のニーズの際に、どのようなツールを使って、どのようなタイミングで、どのような話をすると良いのかが、５Ｗ１Ｈなどケース別に整理されていきます。

そして、このような毎週の仮説検証活動を繰り返していく中で、当初TTPしていたハイパフォーマーを超えるような重要ポイントが見つかっていきます。これが「Ｓ」すなわち「進化」への糸口になります。

ここでスーモカウンター時代の事例をひとつご紹介しましょう。

新築マンションでは、各エリアごとに「坪単価」という目安の数値があります。1坪3.3㎡あたりのマンションの相場価格を表すもので、たとえば坪単価が200万円で20坪（66.6㎡）のマンションであれば、200万円×20坪＝4000万円と、そのエリアの相場が把握できます。これはスーモカウンターでの接客時によく話題にあがる数字であり、アドバイザーはそのつどカスタマに伝えていました。その際、どのように説明するとカスタマが理解しやすいのかを、アドバイザー同士で相互にTTPしていました。

そうした中で、あるアドバイザーが、地図上に相場目安を加えたパネルを作成してスーモカウンターの店頭に設置したらどうかと思いつきました。そうしたパネルがあれば説明する時間を節約でき、さらには店の前を通るカスタマの集客にも貢献できると考えたのです。

実際に坪単価付き地図パネルを作成し設置したところ、スーモカウンターを利用するカスタマはそのパネルをまず見るようになりました。結果的にアドバイザーの説明も楽になり、集客にも貢献できました。

この事例では、まずカスタマに相場価格を説明するやり方がアドバイザー同士でTTPされ、次に、坪単価付き地図パネルを作るというS（進化）がその中で生まれました。そうしてTTPSされた内容を、他の組織がTTPしていきました。今回の例では、坪単価付き地図パネルが全国のスーモカウンターに設置されて、その結果、スーモカウンター全体のカスタマ満足度が向上し、集客にも貢献することができたのです。

このように、個人が発見したアイデアがチームに広がり、そしてそれが組織全体のレベルが向上していく現象は、らせん階段のイメージで表現することができます（図4）。

TTPSとはつまり、何かを静的に捉えてTTPすれば完了というものではなく、TTPし、次にTTPSし、それが新しいTTPになり、さらにTTPSし……と連続的に進化していく、動的な活動なのです。

## 「巨人の肩の上に乗る」とは？
＝偉大な先人の業績をベースに考えること

### 人の成長のらせん階段

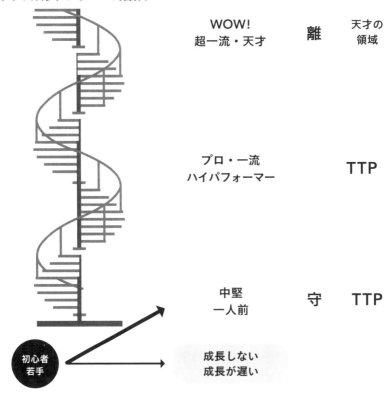

WOW!
超一流・天才　　離　天才の領域

プロ・一流
ハイパフォーマー　　TTP

中堅
一人前　　守　TTP

初心者
若手

成長しない
成長が遅い

**図4** TTPSと守破離

## 質よりまず量。
## アイデアの量が進化を加速させる

　スーモカウンターの坪単価付き地図パネルの事例を紹介しましたが、これはカスタマ満足度にかなりインパクトがありました。こうした事例が常に出てくる組織を目指すには、具体的にどうすればいいか。

　必要なのはアイデアをたくさん出すことです。みんなでブレーンストーミングするのも有効です。まず思いついたことをできる限りたくさん付箋に書いて、そこから誰かのアイデアを参考に、関連するアイデアを出していくのです。良いアイデアを出すには量が重要です。

　みなさんは「砂場の山理論」をご存じでしょうか。

　公園の砂場で山をつくるとします。そこで高い山をつくるにはどうしたらいいか。答えは簡単。山のすそ野を広げればいいのです。すそ野が狭いと、低い山しかつくれません。砂をたくさん集めることができれば、結果として高い山をつくることができます。

　良いアイデアを出すというのは、ここでいう「高い山をつくること」です。つまり**良いアイデアが生まれるには、いろいろなアイデアをたくさん出す必要がある**というわけです。

　「砂場の山理論」を知らない人は、他人のアイデアに文句をつけては良いアイデアだけを探し求めますが、それは無理です。きらりと光るアイデアはたくさんのアイデアの中にある。量が質を担保するのです。

　TTPは一人で実施しても効果がありますが、仲間やチームでやったほうがより効果が出ると先ほど述べました。それはつまり、みんなで行うことでより多くのアイデアが出て、その結果として「良いアイデア」を見つけることができるからです。そしてそのアイデアを仲間でTTPしていくことで組織が成長するのです。そのためにもアイデアの量が重要なのです。

# 2  制約条件理論とG-POP

　TTPSという方法を理解するうえで、土台として知っておくとよい考え方が2つあります。それが「制約条件理論」と「G-POP」です。

## 制約条件理論とは？

　TTPSは、前述のようにベストプラクティスやハイパフォーマーを「徹底的にパクる」ことから始まります。その際に知っておくといいのが、制約条件理論です。

　制約条件理論を簡単にいうと、業務に関係するプロセスやステップの中で**「一番弱いところを強化すると成果につながる」**というものです。既に強いところや成果に関係ないところをいくら強化しても、成果につながらないのです。成果につなげるために、一番弱いところを見つけて、強化していきましょうという考え方です。詳しくは、このあと紹介する実践ステップの中で説明していきます。

　この制約条件理論にのっとって、何をどんなふうにTTPすればいいのかを意識するときに役に立つのが「G-POP」というフレームです。**G-POPとは、ゴールを定めて（Goal）、事前準備をし（Pre）、実行したら（On）、ちゃんと振り返る（Post）という考え方です。**

　業務をG-POPで整理するとき、定めたゴールに対して「現状把握」を行い、「解釈」をして「介入」するというステップを踏みます。その中で、制約条件理論でいう成果に関係する中で弱いところを見つけて、弱いところから順番にTTPすることで成果に直結していくので、とて

も効果的なのです。

それでは、G-POPについての具体的なポイントを紹介していきましょう。

## G-POP(ジー・ポップ)というフレームワーク

仕事のレベルアップをしたいと考えたときにTTPするといいのがG-POPです。ポイントが4つあります。これは、中尾がリクルート時代、社内外の仕事ができるハイパフォーマーと通常レベルのミドルパフォーマーの比較分析と、関連する書籍(中尾は年間100冊以上書籍を読むのを20年続けています)から導き出したエッセンスです。職種を超えて仕事ができるようになる、まさにイケてるTTP元です。

4つのポイントとは、Goal(ゴール)、Pre(事前準備)、On(実行)、Post(振り返り)のことです。これらの頭文字を取ってG-POP(ジー・ポップ)と名づけた造語です。ハイパフォーマーはこの4点を常に意識して仕事をしているのです。

### Goal(ゴール)

まずゴールです。みなさんが実施する「仕事」「プロジェクト」「作業」のゴール、つまり目的のことです。このゴールを明確にして、関係者と共有しておくことが重要です。

ハイパフォーマーは常にゴールを意識しながら仕事、プロジェクトをしています。

今日あなたがやった仕事のゴールは何でしたか? それは関係者と揃っていますか?

## Pre（プレ）

ゴールが確認できたら、そのゴールを実現するための事前準備をします。その事前準備部分がPre（プレ）です。ハイパフォーマーは、常に事前準備に時間を使って仕事やプロジェクトをしているのです。

今日あなたがやった仕事、きちんと事前準備をしましたか？

## On（オン）

事前準備が終われば、実行に移ります。事前準備に時間をかけて最善の方法を選んでいるので、自信を持って実行ができます。

今日あなたがやった仕事に、自信を持って取り組めましたか？

## Post（ポスト）

振り返りのパートです。Pre（プレ）部分でシナリオ、つまり事前準備≒仮説をつくっています。それとOn（オン）の実行部分での差異を振り返ります。このPost（ポスト）を習慣化できていると、仕事のレベルがどんどん上がります。

今日あなたがやった仕事を振り返りましたか？

＊　＊　＊

以上が制約条件理論とG-POPの考え方になります。

次項ではいよいよ、TTPSを実践するうえでの具体的な5つのステップについてご紹介していきます。

# G-POP

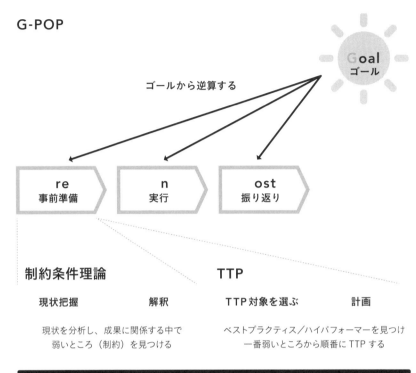

ゴールから逆算する

**re** 事前準備　**n** 実行　**ost** 振り返り

**制約条件理論**

現状把握　　　　　　解釈

現状を分析し、成果に関係する中で
弱いところ（制約）を見つける

**TTP**

TTP対象を選ぶ　　　　　計画

ベストプラクティス／ハイパフォーマーを見つけ
一番弱いところから順番にTTPする

**成果に直結し、仕事がレベルアップする**

**図5** G-POPと制約条件理論

# 3 ゴールを設定する

## まずゴールを確認しよう。
## 決まっていないのであれば設定しよう

　TTP は、会社の方向を決めるような話から、日々の資料作成や会議のアジェンダや議事録のつくり方まで、さまざまな場面で活用できます。たくさんの場面で活用できるからこそ、どこで使うかを決めるのも重要です。重要な内容に関してTTP を活用することで、より効率的に仕事ができるようになるわけです。

　それを絞り込む際に重要なのがゴールの確認です。担当する仕事のゴールを確認し、そこから逆算して重点ポイントを見つけるのです。

　ここでは事例を紹介することでイメージを持ってもらおうと思います。まず「プレゼンテーション資料をつくる」場面を思い浮かべてみてください。

　たとえばゴールが「イケてるプレゼン資料をつくる」としましょう。パワーポイントを使ってイケてるプレゼン資料をつくるイメージです。

　プレゼンテーションの中身（コンテンツ）が決まっているとすると、後は各ページの表現（Expression）をどうすればいいかがポイントになります。

　少し古い本ですが『マッキンゼー流 プレゼンテーションの技術』（東洋経済新報社、2004）の内容をTTP すれば、プレゼンテーションの基礎知識を習得することができます。

　あるいは『プレゼンテーション zen』（第2版：丸善出版、2014）の内容を

TTPすれば、各ページの中に図、写真、文章などをどのようにレイアウトするといいかを学ぶことができます。

　もちろん、みなさんの勤めている会社にイケてるプレゼンテーションのマテリアル素材（雛形や過去の優秀なプレゼン資料集）が既に存在しているケースもあるでしょう。そうした素材をTTPするのも重要です。

　あるいは、社内で「プレゼンの達人」と呼ばれているような方に教えを請い、重要なポイントをTTPするのもいいでしょう。


　さて、同じ「プレゼンテーション資料をつくる」場合でも別のゴールを設定した場合の事例を考えてみます。

　一般的にプレゼンテーションの目的は、「態度変容」です。プレゼンテーションという手段を使って、プレゼンテーションする相手に態度を変えてもらうということです。

　営業のプレゼンテーションであれば、内容に納得していただき契約をしてもらうという「態度変容」がゴールの一例でしょう。同じ営業でも、相手に謝罪する場合のゴールは、謝罪先のキーパーソンに、謝罪内容に納得いただき、受け入れてもらうことでしょう。


　そう考えると、このケースでの「プレゼンテーション資料をつくる」ゴールは、「●●さんに××してもらう」という態度変容だと設定することができます。

　たとえば、「A社のB役員に契約していただく」ということです。そう考えると、TTPするものは『マッキンゼー流プレゼンテーションの技術』でも『プレゼンテーションzen』でもありません。この2つの書籍は素晴らしい内容です。プレゼン資料をレベルアップさせるのであれば、間違いなくTTPすべきものです。しかし、相手を態度変容させるのであれば、TTPすべきはこれらではありません。

（このようなケースでは、中尾が考えたTCMEというフレームワークが参考になるかもしれません。少し脱線するようですが、41ページのコラムをご覧ください）

また、ゴールは契約していただくことです。プレゼン当日までに、さまざまな手法を使って、おおよそ契約いただける状態に持っていくことも重要です。つまり、ゴールが契約締結であれば、プレゼン資料をイケてるものにすることだけを考えるのがポイントではありません。

　ゴールの確認なんて当たり前と思っている方も多いかもしれません。しかし、チーム内でゴールがずれているケースはたくさんあります。もしあなたが社長であれば、幹部全員に「当社の今年のゴール」は何ですか？ と聞いてみてください。驚くほど揃わないかもしれません。
　あなたがチームリーダーであれば、チームのメンバーに2つ質問してみてください。ひとつは、チームのゴール。もうひとつは会社のゴール。両方ともチームメンバー全員が同じ答えを言えるチームはかなりイケてる組織です。つまり、ほとんどないということです。
　ゴールがずれているとはつまり、旅行にたとえれば「行き先」が違うということです。皆で一緒に旅行に行く話をしている際に、ある人は今週末の日帰り旅行のことを考えています。ある人は3連休の泊まりでの温泉旅行のことを考えています。そして別の人は、長期休暇の海外旅行の話をしています。こんな不思議なことってめったになさそうですね。
　しかし、仕事では、ゴールを説明せずにタスクだけを割り振るケースが少なくありません。つまりゴールを伝えずに仕事をさせているのです。その結果、ゴールが不明確な人たちが仕事をしているなどということが起きるのです。

　**まずは、ゴールを確認する**。もし決まっていない、あるいは、不明確であれば、関係者できちんと設定して、それを確認してください。TTPは有効な方法ですが、ゴールがずれていては、役立ちません。まずはゴールの確認。TTPは、その後です。

## プレゼンをするときに
## TTPしたい4つのポイント＝TCME

　ここでは「TCMEの整合性」という中尾が考えたフレームを紹介します。

　今回の事例を題材に考えてみましょう。Target（ターゲット：態度変容させたい相手とその行動）は、今回の事例では、A社のB役員に契約していただきたいということです。このB役員から契約をいただくというゴールを意識しながら、Contents（コンテンツ：プレゼンする内容）、Media（メディア：プレゼンする方法）、Expression（プレゼンの表現内容）の整合性をとるということです。

　Target、Contents、Media、Expressionの4つの単語の頭文字をとってTCMEの整合性といっています。プレゼンテーションのときに重要なポイントで、忘れてほしくないので、語呂合わせでTake Care of ME（私を忘れないでね）と言うこともあります。

　提案内容（C：コンテンツ）に対して、B役員は、どこが前向きで、どこが否定的なのか。それはなぜなのか。特に否定的なポイントの中で、致命的なものはあるのかないのか。それはどうすれば覆すことができるのか。

　B役員は、どのような方法（M：メディア）でプレゼンを受けるのが好ましいのか。資料を配り、手元で読むのが好きなのか。自分のモニターなどに投映するのか。プロジェクタや大きなモニターに投映するのがいいのか。そもそもテレビ会議がいいのか、リアル会議がいいのか。TEDのようにほとんど資料がないプレゼン手法が好きなのか、などです。

　あるいは、E（表現内容）については、データが好きなのか。現場の意見を重要視するのか。長期的な展望を気にするのか。最大リスクを避けたいのか。

これらCMEの３つのポイントを考えてプレゼン資料をつくりあげていくのです。このTCMEの整合性を意識しながらプレゼン資料を作成することで、契約いただける可能性が高まるのです。

ステップ2

# 4 TTPするところを見つける（制約条件理論）

## 強化すべきは「一番弱い部分」

　現在担当している業務の中で、どこを強化（TTP）するといいかを見つけるポイントを説明しましょう。

　極論すると、どこを強化、つまりTTPしても効果は出ます。しかし、どうせするならば、効率的にしたいものです。つまり、より効果的なところを対象にTTPするといいということです。その際の参考になる考え方が先ほど触れた「制約条件理論」です。とても重要な考え方なので、少し詳しく説明しましょう。

　仕事で「成果」を挙げるには、さまざまな知識や「スキル」が必要です。そして**仕事の「成果」は、その仕事に必要な「スキル」のうち、最も弱いスキルに影響されるのです。**

　たとえば提案営業職には、「プレゼンテーション力」「クロージング力」「ヒアリング力」の3つのスキルが最低限必要です。仮に、それぞれ10点満点中5点レベルのスキルが必要だとします。ある営業メンバーのスキルレベルが、プレゼンテーション力5点、クロージング力8点、ヒアリング力3点だとします。プレゼンテーション力は合格レベル。クロージング力は8点ですから、かなり素晴らしいレベル。しかし、ヒアリング力は3点と合格レベルに到達していません。すると営業成績は、最も点数の低いヒアリング力3点の影響を強く受け、結果3点レベルの

売上結果になるということです。成果は、この一番弱い箇所（制約条件）の影響を受けるというのが「制約条件理論」の重要なポイントです。

「制約条件理論」は『ザ・ゴール』（ダイヤモンド社、2001年）で有名な、エリヤフ・ゴールドラット教授が提唱した理論です。制約条件理論では、最も弱いところ（制約条件）を強化すると、全体が強化されると言っています。その一番弱いところが、今回の提案営業職の例では、ヒアリング力（3点）にあたるのです。

つまり、ヒアリング力を4点にできると、売上結果は4点まで向上するということです。そしてさらにヒアリング力を向上させて5点にできると、売上結果は5点まで向上します。

今回の前提では、それぞれ10点満点中5点レベルのスキルが必要だとしました。これで3つのスキルとも5点以上になったので、売上結果は目標達成レベルに到達する可能性が高くなったということです。

それでは、さらにヒアリング力のレベルを向上させて6点にしたら、売上結果は6点レベルまで向上するでしょうか。しないのです。プレゼンテーション力が5点レベルなので、今度は、このプレゼンテーション力5点が制約条件（一番弱い箇所）になり、売上結果を5点レベルにしてしまうのです。つまり、6点レベルの売上結果を出したい場合、今度はプレゼンテーション力のレベルを5点から6点に向上させる必要があるのです。

しかし、もし最も低いヒアリングレベル3点を放置したまま、他の高いスキルを強化した場合にはどうでしょうか。具体的には、現在合格水準のプレゼンテーション力の5点を6点レベルまで向上させる。あるいは、さらに高水準のクロージング力の8点を9点レベルまで向上させるというケースです。現在、合格圏内のスキルをさらに磨いたとしても、ヒアリングのスキルが相変わらず3点なので、営業結果は3点レベルに留まっているのです。せっかくスキルレベルを向上させたのに、成果に直接つながらないとしたら、効率が悪いわけです。

最も弱い箇所を強化することが効果的であること。逆にいうと最も弱い箇所を強化しないと成果につながりにくいことを別のエピソードで説明することもできます。私がよく例に出すエピソードは「ネックレス」の話です。

　ネックレスを引っ張ります。なぜネックレスを引っ張るのか？　その理由は置いておくとして、ネックレスを引っ張るとどこが切れるでしょうか？　切れてしまったらネックレスは使い物になりません。それは避けたいものです。

　答えは、「一番弱い箇所」です。当然ですね。

　それでは、その弱いところを強化して、また引っ張ります。すると次はどこが切れるでしょうか。

　答えは、「次に弱い箇所」です。

　そして順々に「弱い箇所」を強化していき、引っ張る力よりもすべての箇所が強くなると、ネックレスは切れなくなるということです。

　当たり前の話をしています。

## 制約条件理論に従わないと成果が出ない

　では、ネックレスの「一番弱い箇所」を強化せずに、他の箇所を強化した場合はどうでしょう。「一番弱い箇所」を強化せずに、ネックレスを引っ張れば、また、その「一番弱い箇所」が切れてしまいます。つまり、「一番弱い箇所」を強化せずに、他の箇所を強化しても、成果につながらないので、効率が悪いのです。

　つまり、もし効率的に仕事レベルを上げたいのであれば、TTPをして強化すべきは、「一番弱い箇所」なのです。これ以外をTTPしても効率は上がらないということです。

　ところでネックレスの「一番弱い箇所」は、どうやれば見つけることができるでしょうか。引っ張れば分かります。しかし、その場合「弱い

箇所」が切れてしまいネックレスが使えなくなってしまいます。ネックレスを観察することで見つけることができないでしょうか。

　完全には分かりませんが、たとえばネックレスの「細い箇所」「傷がついている箇所」「素材が異なる部位のつなぎ目」などが挙げられます。

　これをみなさんの仕事に当てはめるとどうなるでしょう。個人の場合でいうと「最も弱いスキル」は、「経験が少ないスキル」「訓練をしていないスキル」「苦手なスキル」などが考えられます。

　もしもスキルを何らかの数値で把握している場合は、他の人と比較することや、自分の過去の数値からの進捗などでも想定できそうです。これらを組み合わせて「最も弱いスキル」、つまり強化すべきスキルを特定すればいいのです。

　また、これを組織、あるいは事業、さらに広げて、会社で考えるとどうでしょうか。「一番弱い箇所」はどこでしょうか？　組織の中でネックレスにたとえると「細い箇所」「傷がついている箇所」「素材が異なる部位のつなぎ目」はどこにあたるでしょうか？

　たとえば、「新人、異動者、転職者が多い部署」「正社員が少ない部署」そして「組織と組織の間」などが挙げられます。

　これらの部署が弱いままであれば、組織全体が弱いままになるのです。全社を挙げて、この部署を強化すると全体が強くなるのです。「弱い箇所」を強化すると、成果につながるので、効率的なのです。「弱い箇所」を放置したままで、他の箇所を強化しても、成果につながりにくいのです。

　つまり、TTPはどこでもできるのですが、効率的（すぐに結果が出る）なのは、制約条件理論によると「最も弱い箇所」なのです。それは個人であっても、組織であっても同様です。「最も弱い箇所」を定量データや定性情報などから見つけ出し、そこをTTPして、強化すればいいわけです。

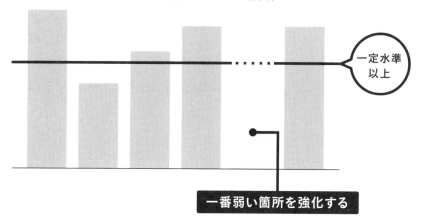

仕事の遂行に必要なスキル・領域

一定水準
以上

一番弱い箇所を強化する

個人・組織ともに効率的なのは、制約条件理論による「最も弱い箇所」を
定量データや定性情報などから見つけ出し、そこをTTPして強化すること

**図6** TTPと制約条件理論

# 5 ベストプラクティスを見つけて仮説を立てる

　TTPするべき場所が特定できました。次は、TTPする内容を見つける必要があります。いわゆる成功事例、一般的にはベストプラクティスと呼ばれるものです。

　その際に、よくやってしまう失敗事例から紹介しましょう。

## 失敗事例1　声の大きな人の意見に引っ張られる

　中尾が営業課長時代のエピソードです。その部署の営業部長（中尾の上司）が、営業会議で、業績が良い課長になぜ業績が良いのか？　その要因を確認したときのことです。聞かれたA課長は、「私たちの課は、顧客のキーパーソンに手紙を書いているのです。その手紙をきっかけに商談が大きくなっているのです。とても効果的です」と理路整然と回答しました。部長はいたく感心し、中尾も含めた他の課長に方針を伝えました。「顧客のキーパーソンに対して手紙を出すというアクションは効果があるそうだ。ぜひこれをTTPしよう」

　手紙でキーパーソンとのきっかけができて、商談が大きくなる？　違和感を持った中尾は、その課のメンバーに確認しました。実は、偶然ひとつそのような事例があっただけだったのです。つまり、手紙をキーパーソンに送るなど、課として実行してはいなかった。しかし、A課長が理路整然と話をしたために、あやうく間違った方法をTTPするところでした。

　A課長から部長に勘違いでしたと伝えてもらうことで、事なきを得ました。

# 失敗事例 2  手近な人や聞きやすい人に聞いてしまう

　これもよくあるケースです。

　同じく営業部でプレゼンテーション力を強化しようという話になったときに、手近な先輩、あるいは聞きやすい先輩に教えてもらおうとするのがこのパターンです。

　先輩とはいえ、必ずしもプレゼンテーション力に秀でているわけではありません。もちろん、あなたが新人であれば、先輩社員のほうが確率論的には、プレゼンテーション力が高いかもしれません。しかし、どうせ学ぶのであれば、良いものから学んだほうが効率的です。

　そもそもベストプラクティス（成功事例）から学ぶ（TTP）のが目的です。身近な先輩からTTPすればいいという話ではありません。少なくとも、その組織の中で、できれば会社の中でのベストプラクティスを見つけて、その人から教えを請いましょう。

　しかし、個人でその人を探すのは大変ですし、効率が悪いと思われるかもしれません。であれば、**部署として、高業績者、ハイパフォーマーの見える化をする**といいでしょう。

　私がかつていた部署では、営業のステップを13に分割し、それを定期的に顧客に評価してもらっていました。つまり、その13のステップそれぞれに、現在誰がベストプラクティスなのかが分かるようになっていたのです。

　組織が小さいときは、それぞれ13のステップを強化したい個人が、そのベストプラクティスと認定された人に教えを請い、そのポイントをレポートすることで、他の人もTTPしやすい状況をつくっていました。

　組織が大きくなると、ベストプラクティスのメンバーへのヒアリングも増えました。個別に対応するのが大変になったので、そのベストプラクティスを動画にして自由に閲覧できるようにしました。それらを社内のシステムに掲示し、見た人や参考になった人が「いいね」ボタンを押

したり、コメントで感謝を伝えられるようにしたのです。また動画だけでは分からないことがある場合は、以前と同じように直接教えを請うフローに整備しました。これらにより、とりあえず手近な人に聞くという非効率な方法はほぼなくなりました。

## 会社で一番、できれば業界で一番、あるいは異業界も参考に

　中尾が新規事業を立ち上げたときの話です。スーモカウンターでは、アドバイザーが個人顧客（カスタマ）の要望を伺い、そのニーズに合わせた注文住宅建築会社や新築マンションを紹介します。その際に、どうすればマッチング（紹介）の歩留まりが高まるかを検討していました。

　新規事業ですので、社内にベストプラクティスはありません。もちろん個人ベースで歩留まり率が高いアドバイザーはいました。しかし、その人のやり方がベストプラクティスかどうかは分かりません。何か参考になるものはないかと考えていました。

　スーモカウンターは、不動産業界で人が物件や会社をマッチングするサービスです。しかし前述のように、社内にも社外にも同じビジネスはありません。

　そこで不動産業界という制約を外して考えてみることにしました。

　そう考えると、個人顧客と企業をマッチングするという観点でいうと人材紹介事業や人材派遣事業があります。しかも中尾がいたリクルートグループには、両事業のリーディングカンパニーがあります。いろいろノウハウがあるはずだとヒアリングに行ったところ、たくさんのヒントを得ることができました。

　また、人がマッチングするという制約も外すと、検索サイトも対象になります。社内外の検索サイトにヒアリングに行き、マッチングのロジックを教えてもらいました。これらもとても参考になりました。

　一見関係なさそうに思える人材紹介、人材派遣、そして検索サイトのマッチングロジックが、スーモカウンターの歩留まり率向上のヒントに

なったのです。

## ベストプラクティスをさらに「進化させる」

　最後に、どうせ学ぶならば最高の強者をベストプラクティスにした事例を紹介しましょう。

　中尾がリクルートテクノロジーズというリクルートグループのIT会社を担当していたときのことです。当時の同社の最大ミッションは、優秀なIT人材を採用することでした。そこで何をTTPすればいいのかを考えました。

　世界で最も優秀なIT人材を採用している会社のひとつにGoogle社があります。かなりの自由度があるといわれ、優秀なIT人材であれば働きたいと思う会社ではないでしょうか。

　今の世の中、簡単に他社の採用戦略を学ぶ方法はありません。ところが同社に関しては、かなり赤裸々にそのノウハウが開示されているのです。『Work Rules!』（ラズロ・ボック著、東洋経済新報社、2015）という本です。Google社の人事トップが採用、育成、評価について書かれていて、中尾はここからたくさんのことをTTPしました。

　その中で中尾がTTPだけでなく、TTPSしたポイントがひとつあります。それはGoogle社の採用選考は長く、何度も面接があるということです。ここだけは進化させる必要があると考えました。具体的には、逆に短期間に内定が出せるように業務フローを変えたのです。まさにGoogle社とは真逆の選択です。

　なぜ、ここだけ進化させる必要があったのか。その理由はシンプルです。採用は、よく恋愛や結婚にたとえられることがあります。Google社は恋愛や結婚市場で考えると、最高に条件が良い、とてもモテる異性のようなものです。誰もが恋愛したい、あるいは結婚したいと思うような異性なのです。彼ら彼女らが何度面接しようと、つまり、じらしたとし

ても、相手は待っていてくれるのです。

　しかし、当時の私たちはそうではありませんでした。Google社と比較すると、採用弱者だったのです。弱者は弱者が勝つために戦略を進化させなければなりません。ポイントはシンプルです。Google社よりも先に内定を出すということです。恋愛や結婚でいうと、Google社よりも先にプロポーズするということです。Google社に内定を出されては、勝てないからです。勝つための進化の方向として分かりやすく、シンプルですね。

　採用選考を短期間で実施するというと、乱暴な採用をしているんじゃないかと思う方がいるかもしれません。しかし、乱暴な選考をして応募者にネガティブな印象を与え、最後には辞退されては意味がありません。ゴールは優秀な人材を採用して活躍してもらうことです。

　中尾はそのとき、採用活動の業務フローを確認しました。どこに時間がかかっているのか？ すると大半は、面接の日程調整に時間がかかっているだけだということが分かりました。つまり、上手に調整する方法を見つけることができれば、一気に採用選考を短期間にできるのです。私たちは上手に時間調整をすることで、採用期間を短縮しました。


　当初は仮想の採用強者Google社の手法をTTPSした結果から始めた採用期間の短縮です。ところが、嬉しい副産物がありました。採用内定までが早いと、他の並行検討している会社よりも採用競争力が上がるのです。バッティングしても当社を選んでもらえるケースが増えたのです。採用選考が早いことが熱意であると伝わり、当社への入社承諾率が高まったのです。

よくある
失敗事例

大きな声の人の意見に
引っ張られる

手近な人や聞きやすい人
に聞いてしまう

ゴールからズレる

対応策

絶えずゴールに照らして、
ベストかどうかを
確認する習慣を身につける

TTPするなら、
会社で一番の事例を。
できれば業界で一番の事例を。
異業界も参考に！

**図7** ベストプラクティス選定でよくある失敗事例と対応策

# 6 学びの仕組み化で サイクルを回す

## TTPし続ける仕組みをつくる

　さて、TTPすべき場所の特定の仕方とTTP元を探す方法についてお話ししてきました。次は、TTPし続ける仕組みについて紹介していきましょう。分かっていることと実行することには大きな違いがあります。そして時々実行できることと実行し続けることには、さらに大きな違いがあります。

　特に実行し続けることができる組織には、何らかの仕組みがあり、それがサイクルとして実践されており、習慣のようになっていることが多いのです。いくつかの事例を通して、イメージを持ってもらいたいと思います。これらを参考にTTPし続ける人や組織になっていただきたいですね。

### 事例1 業務歩留まりの向上（特定の業務カイゼン）

　あるフィットネスクラブの事例です。フィットネスクラブのような会員制ビジネスにおける業績向上のポイントは、「より多く」の会員に「より長期間」利用してもらうことです。たとえば会員数が100人だった店舗の会員数が110人と10%増加すれば、売上は10%向上します。同じく、会員の平均継続期間が10か月であったものが、11か月と10%向上すれば、売上も10%向上するわけです。もし両方を実現できる、つまり会員数が10%増加し、平均継続期間も10%向上できれば、110%

× 110％＝121％売上向上する計算になります。

これらを実現するためには、問い合わせがあった見込み客の「入会率」を向上させ、既に利用していただいている会員の「退会率」を減少させることがポイントになります。当たり前のことですね。

これらにより、入会する人が増加し、退会する人が減少するのですから、結果「より多く」の会員に「より長期間」利用してもらえるわけです。

そのために、入会時の接客フローや接客トークを見直します。同様にデータなどを分析し、退会する可能性が高い属性（会員の特徴）や退会しやすいタイミングや時期などを特定します。そして、従業員がどのような働きかけをすると、入会率が向上し、あるいは退会率が減少するのかの試行錯誤を行います。これらは、どこの「会員ビジネス」でもやっているはずです。

ところが、大半の会社や組織では、それが個人あるいは店舗ごとに別々に実行されていることが多いのです。もちろん、誰のあるいはどこの店舗の入会数（入会率）や、退会数（退会率）が良いのか悪いのかという結果数値は把握していることが大半です。しかし、重要なのは、上述したような、実際の接客の仕方のノウハウを店舗内、できれば全社で共有することなのです。個人のノウハウを組織全体に伝搬させること、つまりTTPすることで業績が向上するのです。

これらのノウハウをかつて一度も共有したことがない組織はあまりないと思います。しかし、大半の組織では、業績が良くないときだけ、これらのノウハウの情報共有をします。つまり、時々実行した経験があるわけです。これを常に実行する組織になるべく仕組み化することが重要です。

## TTPする仕組みをつくるための4つのポイント

ノウハウは現場で実践してもらってこそ意味があります。TTPする仕組みをつくるためには4つのポイントがあります。それら前述した

G-POPに沿って整理してみましょう。Goal（ゴール）は、「学び続ける組織をつくる」ことです。他社から学び、TTPをし続ける組織をつくることで、組織を進化させ続けられるわけです。

　次にG-POPの2つめのPre（事前準備）です。重要な4ポイントのうち3つのポイントがPreにあります。

**①リーダー会議でのノウハウ共有の場づくり**
**②良いノウハウをピックアップする仕組みづくり**
**③ロールプレイングでの共有実践**

　それぞれ補足説明をしましょう。

**①リーダー会議でのノウハウ共有の場づくり**
　リーダー会議などの定例会議で、事例共有の時間を定期的にとります。これは、共有する事例があればというような形ではなく、定期的に実施します。定期的に共有し続けることで、組織に「事例共有の習慣」ができるからです。

**②良いノウハウをピックアップする仕組みづくり**
　前述の「砂場の山理論」にしたがって、まずはたくさんの事例を集め、次にそこから**質の高い事例を共有する習慣**をつくります。
　具体的には、たとえば各リーダーには、配下のメンバー数に比例して、事例の提出目標を設定します。そして、リーダー会議の前に集まった事例をスクリーニングして、共有したい事例をピックアップし、質の高い事例だけに絞り込んでリーダー会議で共有するのです。そうしたプロセスを経ることにより、リーダー会議の事例共有を価値あるものにしていきます。

**③ロールプレイングでの共有実践**
　事例を頭で理解しても、顧客と対峙すると実践できないことも少なく

ありません。そこでロールプレイを実施し、それを映像として全組織で共有するのが効果的です。これら3つをPreとして定着させることで、業績向上のノウハウをTTPすることがやりやすくなります。

　以上の3つのポイントを押さえたうえで、G-POPのOn(実行) をします。それを受けてG-POPの最後のP(振り返り) が4つめのポイントになります。

#### ④実践結果の振り返り

　事例から学んだことを実際に活用した結果をリーダー会議で振り返ります。うまくいった事例は、継続実施します。うまくいかなかった事例は改良して再度実施するのか、中止するのかを決めます。この振り返りまでを実施することで、G-POPをTTPする組織ができあがり、「学び続ける組織をつくる」ことができるのです。

## 事例2 ミッションごとの振り返り（組織全体の学びのサイクル化）

　組織全体で学びのサイクルを仕組み化するには、実施したことを定期的に振り返ることが有効です。そこで重要なのが**「いつ」「何を」振り返るのか**ということです。

　「いつ」の例では、たとえば中尾が組織運営をしていたときは、査定期間の半年ごとに主要ミッションの振り返り会議を1日かけて実施していました。

　具体的には、4月から9月の半年が上期の査定期間。10月から翌3月までの半年が下期の査定期間でした。それぞれの半期の最終月の3週目に1日かけて振り返りの会議を行います。このタイミングで振り返りを行うと、その後の組織や個人の査定を行うときに有効な情報が入手できるわけです。

次に「何を」について説明しましょう。たとえば、中尾がスーモカウンターを担当していたときでいうと、「利用顧客の集客増加」「マッチング率向上」などが重要なミッションでした。加えて新規出店を加速させていたので「新規出店」やそれを実行するための「採用・育成」なども重要なミッションでした。これらの主要ミッションをさらに細分化すると、たとえば「利用顧客の集客増加」では、「既存店の集客増加」と「新規店の集客増加」に大別できます。「既存店の集客増加」は、今までさまざまな集客施策をしていますので、それを改善し続けることが求められます。一方の「新規店の集客増加」では、新規出店前の集客戦略の仮説と実際とのギャップがどうだったのか？　たとえば、仮説が間違っていて集客が思わしくなかった場合、それをどうやって短期間に対応したのか。そして、今後の新規出店時の再発防止として、どのように取り組めばよいのかというノウハウが必要になります。

　これらの半年間の取り組みを、統一の「項目」で振り返ります。
　たとえば「当初のミッション」「成功の仮説」「達成基準（定量・定性）」「実行のポイント」「振り返り」「他への学び」「補足」などの項目です。
　主要ミッションについて半年ごとに同じ項目で振り返り続けるわけです。これにより、さまざまな効能が見込めます。
　ひとつは、他の組織からTTPする内容があることです。どのような仕事でも基本的な構造は同じです。具体的には、ミッションを成功させるための仮説をつくります。そして実行しながら微修正や改善をしながら、ゴールにたどり着きます。その創意工夫そのものやプロジェクトの進め方、社内外のメンバーとのコミュニケーションの仕方など、さまざまなTTPするためのノウハウがあります。一見異なるミッションでも、相互にたくさんの学びがあります。
　またTTPしないにしても他組織の主要ミッションの振り返りをすることで、他組織への理解が深まります。結果的に、組織間の壁も低くなります。業務の受け渡しもスムーズになりやすいです。
　そして2つめは、新しく組織に加わったメンバーの立ち上がりに大き

く寄与します。新しいメンバーには業務の引継ぎがあると思います。しかし、あまり引継ぎが上手な人、組織に出会ったことがありません。かなり属人的なのです。

　ところが、この半年ごとの主要ミッションの振り返りの記録を見ると、その組織が取り組んだ内容が、時系列で分かるのです。それもそのミッションに関しての試行錯誤の跡が分かるのです。TTPやTTPSした軌跡が分かるのです。これ以上の業務引継ぎはありません。しかも自分の引き継ぐ業務だけではなく、組織全体の主要ミッションを時系列で把握することができるのです。こちらもこれ以上に組織全体を俯瞰して把握する方法はないのではないでしょうか。

　事例1は、フロー情報の学びの仕組み化です。一方で事例2はストック情報の学びの仕組み化です。この2つを組み合わせることで、組織に学びを習慣化できるのです。

# 7 進化させる

## TTPSのS

「ゴールを設定」し、「TTPするところを見つけ」、「ベストプラクティスを見つけ、それを実行する」。そしてこのサイクルが回る「学びの仕組み化」について見てきました。これがうまく回るようになってきたら、次の段階にステップアップできます。それがTTPSの最後の文字である「S（進化）」です。

武道や華道、茶道にたとえると「守破離」の「破」にあたる部分です。初心者は「守」で型を学びます。これがTTP、すなわち徹底的にパクる部分です。これができるようになってきたら、その「型」を破る段階に進めるということです。

そして、このTTPSの内容を全組織でできるようになると、その内容が次の新しい「守」つまり「型」になるわけです。そうなると全体のレベルアップにもつながるわけです。

誰かがTTPSしてくれれば、組織全体が進化するきっかけになるのです。

## 質と時間の両立を求める

リクルート時代の事例を紹介します。中尾がスーモカウンターを担当していたときのことです。スーモカウンターは、カスタマ（個人顧客）

にクライアント（住宅メーカーなどの法人顧客）をアドバイザーがマッチングするサービスです。役割でいうと、スーモの検索エンジンの代わりに、人であるアドバイザーがマッチングしているわけです。

そこには、カスタマとクライアントのマッチングの歩留まり率を向上するというテーマがありました。その「型」をつくり、全アドバイザーがTTPできるようになりました。つまりマッチングの質が向上したわけです。具体的には、カスタマにぴったりのクライアントを紹介できる割合が向上したということです。それだけでも素晴らしいことです。

しかし、進化し続けることが重要です。TTPSするために次のテーマを考えました。

スーモカウンターに来たカスタマにとって、自分たちに合っていないクライアントばかりを紹介されたとしたら、サービスとして最悪です。住宅の話は家族全体の問題であるケースが多いのです。家族皆で休みを合わせて、スーモカウンターに相談に来てくださるケースが多いのです。ぴったりのクライアントを紹介してもらえないとがっかりしてしまいます。休日が無駄になってしまいます。しかし、この対策は既にTTPされていて、こうしたケースは減っていました。

次に取り組むべきテーマは何でしょう。

来てくださる日がカスタマにとっての休日だと考えれば、スーモカウンターで過ごす時間は短いほうが嬉しいはずです。せっかくの休日をスーモカウンターだけではなく、他の用事や活動にも使えるからです。もちろん、短時間接客を実現したとしても、サービスレベルが低下しては意味がありません。しかし、サービスレベルが同じであれば時間が短いほうが嬉しいはずです。ということで、次の進化の方向は「時間の短縮」と置きました。

ちょうどこの進化を考えた年、スーモカウンターには11名の新人が配属されていました。5名がマンション事業に、6名が注文住宅事業に配

属されていました。この5名と6名をそれぞれチームに編成し、それぞれのサービスの時間短縮をテーマにプロジェクトチームをつくりました。

　彼ら彼女らは3か月ほどで、時間短縮を実現してくれました。当時、カスタマの相談時間は平均2時間から2時間半でした。それを1時間から1時間半と大幅に削減したのです。手順は「①現状把握」→「②解釈」→「③介入」というステップです。

「①現状把握」のステップでは、どの手順にどれくらい時間がかかっているのかという「工数」を把握しました。新人たち自らがベテランアドバイザーに依頼して、時間を測定してもらったのです。これにより、どの手順に時間がかかっているのかが分かりました。

　次の「②解釈」のステップでは、時間と顧客価値のマトリックス図をつくりました。顧客価値が低いのに時間がかかっている手順を洗い出し、その時間を削減する方法を考えました。加えて、顧客価値が高くて、時間がかかっている手順も同様に、時間を削減する方法を考えたのです。ただし、こちらのほうは顧客価値を毀損しないように、丁寧に確認をしました。

　そして最後の「③介入」です。これは、現場に介入して、皆に新しい手順でアドバイザー業務をしてもらうということです。

　現場のベテランアドバイザーからすると、新人の自分の仕事の仕方を介入されるわけです。人は基本的に保守的です。新しいことに積極的に取り組もうとする人は、あまりいません。特に時間を短縮する話ですから、なおさらです。

　しかし新人たちは、手を替え品を替え、現場に丁寧に説明をし、賛同者を増やしていきました。その結果として、新しい方法により、顧客価値は向上し、時間短縮も実現できたのです。まさにTTPSですね。

## 自分でテーマを設定する

　このときは、中尾が「時間短縮」という次のテーマを決めました。これはカスタマに聞いたわけではありません。顧客アンケートでも、そのようなデータはありましたが、そんなのは後づけでした（笑）。しかし、「時間短縮」ができると、たくさんのメリットがあるのです。

　具体的にいうと、前述のようにカスタマにとってみれば、せっかくの休みに時間を合わせてスーモカウンターに来ているのです。相談時間が短く済めば、休みを他のことにも使えて嬉しいに違いありません。

　そして、このメリットはカスタマだけではありません。接客をするアドバイザーにとっても、接客時間が短いほうが、接客ステップで覚えないといけないことが減ります。つまりTTPして「型」を習得できるまでの時間を短縮できるのです。言いかえれば、新人が一人前になるまでの時間が短縮できるということです。結果的に、新人がカスタマやクライアントに価値を提供し、初めて感謝されるまでの時間が短くなります。人は感謝される、役立っていると、その仕事に誇りを持てます。その結果として、離職率も下がります。

　離職率が下がるのは、経営にとっても嬉しいことです。採用活動、採用費用、育成費用も削減できます。接客時間が短縮できると、接客できるカスタマ数も増加できる可能性があり、業績を拡大できるかもしれません。

　このように、うまく設計できればいいことだらけなのです。そうやって、次にTTPSするテーマを新人が自分たちで考えてくれるようになればよいわけです。実際、何人かの新人はTTPSするテーマを自分で考えるようになっていきました。（図8）

| ポイント | 内容 |
|---|---|
| 期待する | 型がちょっとできるようになったところが狙い目<br>自分の能力を少し超える、次のターゲットを設定 |
| 質と時間の<br>両面を求める | 短時間で高い質を求め、短いサイクルで振り返る |
| 自分でテーマを<br>設定する | 自分ごととしてやるために、最後は自分で設定 |

**図8** 「S（進化）」を実施するためのポイント

# TTP元をつくるチーム、それを元にTTPSするチーム

　中尾がリクルートでスーモカウンターを担当していた時代に、TTPSという方法がうまくいくのはこのような状態だと感じた瞬間がありました。それはTTPするアイデアを考えるチームとそのアイデアを元に進化させるチームが現れたときでした。

　TTPするアイデアは、どうしても人数が多いエリアや組織から生まれることが多くなります。当時のスーモカウンターでいうと首都圏に多数の店舗がありました。どうしてもそこからTTPするアイデアが生まれてくることになります。そうすると他エリアは、どうしても首都圏が考えたアイデアをTTPする側になります。組織全体でいうと、どこかの一人が生んだアイデアが全国でTTPされるわけです。極めて良い状態です。
　ところが人の感情は不思議です。いつもアイデアを出す側、そのアイデアをTTPする側、という関係になると、不思議なことに妙な上下関係というか先生と生徒のような関係が生まれてくるのです。
　中尾自身は、この状態に少しもやもやしていました。しかし、良い解決策が見つからず、手をこまねいていました。そのようなもやもやをエリア（首都圏、関西、東海以外の店舗をそう呼んでいました）のマネジャーたちと共有していたのです。

　すると当時の福岡のマネジャーが、その解決策を生み出してくれました。
　当時福岡は1店舗で実質3名で店舗運営をしていました。当然ですが、人数が少ないから、自分たちだけでTTPされるような業務改善アイデアを考えるのが難しいわけです。通常であれば、そこで思考停止してしまいます。
　ところが、このチームは、発想を変えました。自分たちはTTPする

アイデアを生み出し続けることはできない。それなら、良いアイデアを TTP して、すぐに TTPS することに特化すると決めたのです。

　具体的な手順は次のようなものでした。当時毎週金曜日に全国のマ ネジャーが90分間テレビ会議でミーティングをしていました。そこ で TTP するアイデアが共有されていたのです。通常どのチームもマネ ジャーだけがこの会議に参加していました。しかし、福岡のチームは、 メンバー全員でこの会議に参加することにしたのです。

①毎週金曜日のマネジャー会議終了後、チームメンバー全員で、どのア イデアを TTP するかを決め、ロールプレイングする
②メンバー各自が、土曜日、日曜日に実際に TTP する
③月曜日にメンバー全員で、TTPS（進化）のアイデアを決め、ロールプ レイングする
（火曜と水曜はお休み）
④木曜日、金曜日の午前中までに TTPS アイデアを実行する
⑤試した結果を金曜日のマネジャー会議で報告する
　「○○店のアイデアを TTP し、福岡店で TTPS した結果を報告しま す！」

　というわけです。これかなりすごいですよね。初めて福岡からの報告 を受けたときに、感激したのを覚えています。
　**小組織は、アイデアそのものを出し続けることはできません。しか し、そのアイデアを TTP し、1週間で TTPS させることはできるのです。** まさに、小さい実験を素早く実行し、うまくいったものを仕組み化し て、他の組織の誰もが再現できることを実証したのです。大きな組織の 進化でした。
　アイデアを出す人だけが組織を TTPS させるのではない。それぞれが それぞれの強みや役割を活かすことで、誰にでも TTPS できることを証 明したのです。

# 8 TTPSシートと G-POPシート

TTPSを実践するうえで、ガイドとなるフォーマットが2つあります。TTPSシート（図9）とG-POPシート（図10）です。本項では、それぞれのフォーマットについての解説と使い方をご紹介していきます。

## TTPSシート

TTPSシートは、TTPSのステップに沿って考えを整理するときに使います。最初は身近な仕事について書くことから始めるといいでしょう。（なおTTPSシートを書き始める前に、G-POPシートのゴールを書き入れておくとより効果的です。TTPSのステップは、常にゴールを置くところから始まるからです）

TTPSシートには、記入部分が5カ所あります。（図9）

まずステップ1です。一番上の「Pre(事前準備)」欄に、ゴールに対してやると決めたことを書きましょう。ゴールに対して、このままだとうまくいかないと感じていることの中から、まずひとつ決めて書いてみます。ステップ2以降のプロセスを経た後に書きかえても構いません。

ここから、ステップ2に入ります。2番目の「現状把握」欄に、やると決めたことに対して現在把握している状況を記入します。このとき、なるべく主観を外して事実を記入するようにします。事実は、定量と定性、2つの側面から書きます。ここが、今いるスタートラインになります。

**re** 事前準備　やると決めたこと

現状把握　　　　　**POINT**　事実を記入する（定量・定性の両面から）

解釈　　　　　　　**POINT**　成果につながる一番弱いところ（制約）を特定する

TTP対象を選ぶ　　**POINT**　ベストプラクティス、ハイパフォーマーを選ぶ

計画　　　　　　　**POINT**　いつまでに、誰が、何を、どこまでやるかを決める

**図9**　TTPSシート

続いて3番目の「解釈」欄に、ゴールと現状とのギャップを記入します。ここで登場するのが制約条件理論です。ギャップを埋めるために必要な要素やスキルは何か。これを複数個挙げます。そのうち、求められる水準（レベル）に達していないのはどれか、複数ある場合は、一番弱い（制約条件）のはどれかを整理していきます。

　ここからステップ3です。4番目の「TTP対象を選ぶ」欄に、TTPする対象を思いつく限り書いていきます。ベストプラクティスは必ずしも身近なところにあるわけではありません。他の会社、人、業界、海外ではどうか？　できるだけ可能性を広げて考えていきます。

　最後にステップ4です。一番下の「計画」欄を埋めていきましょう。
　一度真似してみるくらいでは「徹底的にパクる」とまではいきません。54ページの仕組み化のプロセスを参考にしながら、学びのサイクルをどうつくっていくか計画を立てていきます。

　途中で行き詰まったときや書き終わった後には、誰か別の人に説明して、その人が感じたことをフィードバックしてもらうことをお勧めします。自分だけでは気づかなかったポイントや、知らなかったベストプラクティスを教えてもらうことができるかもしれません。

## G-POPシート

　ここまでTTPSシートについて説明してきました。
　もうお気づきの方もいるかもしれませんが、このTTPSシートを埋めることで達成できるのは、「TTPS」の「TTP」までです。
　TTPしたものを磨き上げ、進化（S）させていくのがステップ5であり、それを実現するためには、次に紹介するG-POPシートを活用していただくと効果的です。G-POPシートには、記入部分が5か所あります。
（図10）

私のゴール（①人生をかけて ②今年 ③今月）：Goal

やると決めたこと：Pre　　　　　結果：On

振り返り：Post　　　　　　　次のアクション

図10　G-POPシート

上部の「私のゴール」欄はG-POPのG、すなわちゴール（Goal）を記入する部分です。このシートでは、長期〜短期のゴールをそれぞれ常に意識するために、「①人生をかけて」「②今年」「③今月」の3つの期間におけるゴールを記入します。

　その下に4つの矢羽（矢印の形）が上下に2つずつ並んでいます。

　左上の矢羽が「やると決めたこと」。TTPSシートの一番上にある「Pre（事前準備）」欄と共通した事柄を書き入れるといいでしょう。

　そして右上の矢羽が、その「結果」。実行（On）した結果を書き入れます。数字や成果など、成し遂げた事実を客観的に書きます。

　続いて左下の矢羽が「振り返り」。やると決めて、それを実行する中で何を感じたか。そこから得た学びを振り返ります（Post）。

　最後に右下の矢羽が、上記を受けての「次のアクション」になります。

　つまり上2つの矢羽では、「事前準備」、つまり仮説とその「結果」を対比できるようになっています。そして次の左下の矢羽で、そこから得た学びの「振り返り」を行い、これら3つの矢羽を受けて「次のアクション」を作成する、というサイクルになっているわけです。
　そして、この4つの矢羽を記入しているときに、常に上部の「私のゴール」が目に入ってきます。
　このG-POPシートを記入すること自体が、実はセルフマネジメントのプロセスになっているという仕組みになっているわけです。

　TTPSシートとG-POPシートの両方を活用していくことで、知らない間に仕事のレベルが向上するのです。

# グループコーチングを活用する

　なお一人で実施し続けるのに自信がない場合は、数人程度で定期的に集まって、これらのシートを相互に見せ合うことを実施するのもお勧めです。

　中尾はこのG-POPシートを現在、グループコーチングで活用しています。具体的には、コーチングの参加者にこのG-POPシートを毎週記入してもらい、週1回、4人程度のグループで集まって、それをレビューし合うようにしているのです。

　G-POPシートのフォーマットは、そのたびにゴールを改めて意識できるフォーマットになっています。

　ちなみに中尾のグループコーチングでは、「やると決めたこと」欄に「先週の計画」を、「次のアクション」欄に「次週の計画」を、それぞれ書いてもらっています。

　「私のゴール」欄が常に記入されている状態であることで、先週の計画や次週の計画が、いったい自分自身の長期と短期のゴールのどれに関連しているか（特に長期のゴールにどれだけ関連しているか）が視覚的に理解できます。

　しかも「振り返り」を記入することで毎週の振り返り習慣もつきますから、非常に効果がある優れものです。

# 2章

# TTPSを実践するコツ

1章では、TTPSを実践するうえでのステップを紹介しました。ここでは、TTPSするとき「ついやってしまいがちなこと」について、見直しポイントを実践のコツとしてご紹介します。TTPSすると決めたことを繰り返し実行していく中で「なんだかうまくいかないなぁ」と感じることがあったとき、ここで紹介している視点から見直してみてください。

# 1 TTPする対象は「最高の成功事例」を選ぶ

　TTPする対象を選ぶときのコツを、典型的な間違いから学ぶことにします。間違いを知っておくことで、間違わないようにするということです。

　まず、TTPする対象、つまりTTP元はどこから選べばよいでしょうか？

　何度か触れていますが、ベストプラクティス、つまり最高の成功事例から学びます。ということは、**少なくても職場や会社内での「最高のベストプラクティス」を選ぶべきです。**

　もし可能であれば、業界での最高の事例。場合によっては、異業界での最高の事例を参考にできると、さらに素晴らしいですね。

　中尾がスーモカウンターの成約率向上の方法を考えていた際には、前述のように、TTP元を不動産業界に絞りませんでした。同じ人と企業をマッチングするという観点から探したのです。たとえば、人材紹介や人材派遣のトップ企業がリクルートグループにあったので、ここからたくさんのことを学びました。たとえば登録1か月以内のカスタマ（求職者）とクライアント（求人企業）のマッチング率が高い。

　規模を大きくするには、カスタマ担当とクライアント担当を分離することになるが、マッチング率が下がる。これらを参考にスーモカウンターのマッチングロジックと組織をつくりました。これらは、異業界の成功事例をTTPしたわけです。

あるいはリクルートテクノロジーズで採用を強化する際は、こちらも前述のように、TTP元をIT業界に絞らずに、たとえばリクルートホールディングスの採用から学びました。これは業界内での最高の成功事例のひとつだと思います。またGoogle社の採用について書かれた書籍などからも学びました（51ページ参照）。これも世界最高の成功事例からTTP元を探したケースだといえるでしょう。

みなさんの職場ではどうでしょうか。身近な先輩からTTPあるいは単純にP（パクる）するだけということが当たり前になっていませんか。先輩の方が経験もあり一般的にはノウハウがあり、TTP対象にふさわしい可能性もあるかもしれません。

しかし、テーマによっては、TTP元として適切かどうか分かりません。何かをTTPするには、ある程度の時間が必要です。せっかく時間をかけるのに、効率が悪いものをTTPすると、かける時間がもったいないですよね。

中尾はスーモカウンター時代に、組織内でTTP対象をどのように選んでいたかについてご紹介しましょう。

中尾は当時、全アドバイザーの接客数、紹介数、成約数などを毎週、毎月見ていました。接客数と紹介数はリアルタイムに集計できるのですが、成約数はどうしても月末にしか把握できないことが多かったので、毎週と毎月のデータを組み合わせて把握していました。

これらの数値を継続的に見ていくと、この人は「接客数」が多い人、あるいはこの人は「紹介数」が多い人、また、この人は成約率（成約数／接客数）が高い人というようにイメージがついてきます。その時々で、たとえば「紹介数」を増加させたい場合、紹介率（紹介数／接客数）が高いハイパフォーマーのアドバイザーをピックアップします。そのハイパフォーマーの具体的な行動を現状把握します。「ガン見（凝視して細かい差異を把握する）」と言っていた人もいましたが、ここでは「現状把握」で統一します。

なぜハイパフォーマーにインタビューやヒアリングではなく、現状把握をするのが有効なのでしょうか。

　ハイパフォーマーは、成果を挙げるために有効な行動をしています。ところは、彼ら／彼女らにとっては、その行動は当たり前なのです。当たり前なので聞かれても答えられないのです。ですので、インタビューやヒアリングだけでは分からないのです。

　そこで登場するのが「現状把握」です。ハイパフォーマーと平均的なメンバーの行動を比較します。そして、その違いに着目します。その違いこそが、ハイパフォーマーが成果を挙げているポイントなのです。そこを把握して、TTPすればよいのです。

　先日、ある会員制のサービスで入会率が高いハイパフォーマーの接客をビデオで録画しました。そのハイパフォーマーは、顧客がサービスを体験した直後にひと言、「それでは入会手続きしましょう」と、まったく嫌味なく入会を勧めるのです。

　そのハイパフォーマーはG-POPのPre（事前準備）において、入会を前提とした優れたシナリオをつくっていたというわけです。

　ミドルパフォーマーは、顧客にサービスの感想を聞いてから入会を勧めます。しかも、少しオドオドしながら入会案内をするのです。この手順の違いが成果に大きな違いを生んでいたわけです。ハイパフォーマーの入会案内のタイミングと内容をビデオを通じて、他のスタッフがTTPしたところ、さっそく成果が向上したのです。

　前述のようにメンバーの数値を定期的に見ていくと、急に数値が向上したメンバーが出てくることがあります。中堅クラスの成績のメンバーが、急にハイパフォーマーになるようなケースです。このような人にはインタビューも有効です。本人が何かを加えたり、減らしたり、変えたりしているケースが多いからです。成果が出ている理由を本人が把握できているケースがあるのです。ただし、念のために「現状把握」もしておくと完璧です。

繰り返しになりますが、TTPするにはある程度の工数が必要です。ど
うせ工数をかけるのであれば、よりよいTTP元を見つけることに注力
することがポイントです。くれぐれもハイパフォーマーではない、身近
な先輩、聞きやすい先輩などをTTPするのは避けましょう。

　今ならZOOMなどのテレビ会議も簡単に活用できます。たとえば接
客であったとしてもそれらを録画し、動画を共有するのも簡単です。ぜ
ひ、社内外から最高の事例を見つけて、それをTTPすることを目指し
てください。

# 2　ただパクるのではなく「徹底的に」パクる

　TTPすると決めたことを実行していくときについやってしまいがちなのが「やりやすいことだけやる」です。何度か触れていますがTTPは「徹底的にパクる」の略です。2つの言葉「徹底的に」と「パクる」からなります。前述しましたが、重要なのでもう一度言います。重要なのは「徹底的」なのです。つまり、単にパクるのではなく、徹底的がポイントなのです。

　スポーツをイメージしてもらえると分かりやすいと思います。たとえばテニスをする場合です。同じ体格、骨格、タイプの一流選手のフォームをTTPします。たとえば大坂なおみさんや錦織圭さんをTTP元だと考えて、彼らのフォアハンドのストロークをビデオで見て、TTPします。その際には、ヒジの角度や手首の角度などすべてをTTPするはずです。そこで「ヒジの角度はもう少し開いていたほうがうまくいく」などと、勝手に解釈をしないと思うのです。

　これは仕事でも同じです。「徹底的に」パクるのです。ところが、仕事だと平気で、パクりやすいところだけパクることが少なくありません。ところが、パクりにくいところにこそ、成果を出す秘訣があったりします。そして、パクりやすいところだけを真似しても成果が出ないのです。そして、この方法はうまくいかないという話になってしまうのです。もったいなさすぎます。原因はその「方法」にあるのではなく、「徹底的に」パクらなかったからなのです。

　私たち筆者の3人は同じ社会人大学院のEMSで学びました。そこで学んだ「方法の原理」というものがあります。それは『「方法」は「目

的」と「状況」により変化する』というものです。つまり、「万能の方法はない」ということです。「方法の原理」は「原理」なので、どのようなケースにも当てはまります。しかし、何かうまくいった方法であったとしても、他の場面ではうまくいかないことがあるということです。ある意味当然のことを言っています。TTPも「方法」ですから、「方法の原理」に従えば、どのような場合にも適応できるわけではありません。

　ただし、企業やビジネスパーソンが、変化の大きい「状況」に自律自転する人・組織をつくるという「目的」であれば、TTPという「方法」は役に立つのです。同じ「状況」と「目的」なので、このTTPという方法が活用できるのです。

　ただし、TTPという方法が正しくても、正確に活用しなければうまくいきません。

　繰り返しになりますが、TTPの重要なポイントのひとつは、パクりやすいところだけをパクるのではなく、パクりにくいところを含めて、徹底的にパクることなのです。方法の原理に従っていても、使い方を間違えれば、当然役には立たないのです。

# 3 TTPSがうまくいかない 3つの壁を越える

TTPSサイクルを上手に活用するためには、3つの壁の存在とその壁を越えるポイントを把握しておくことが重要です。ここでは、それについて説明しましょう。

## TTPS の壁 1 「徹底的でないこと」

ひとつめは、TTPする際の壁です。これは前述しましたが大事なポイントなので再度触れます。TTPは「徹底的にパクる」です。パクるというとやや下品ですが、意味は「真似をする」ということです。「学ぶ」は「真似ぶ」から転じたという説があります。学びは、真似をすること、模倣することから始まるのです。そういう意味でいうと「パクる」はやや下品に聞こえますが、意味は由緒正しいのです。

相対的に「パクる」の重要性を理解している人は少なくありません。ところが、より大事なのが「徹底的」なのです。徹底的とは、全部をパクるということです。しかし、よくある失敗は、「パクりやすいところをパクる」「解釈をして選択をしてパクる」というようなことがあります。

初心者が、ゴルフやテニスなどのスイングを学ぶ際に、基本を反復練習するはずなのです。そしてそれが身についてから、次のステップに進むのです。初心者や素人が、自分のやりやすいように角度を変えてスイングしてもうまくいきません。

ところが仕事やビジネスの場面では、角度を変えて（つまり自分のやりやすいように）パクることが往々にあります。これがTTPがうまくいか

ない壁のひとつなのです。

　スポーツのスイングであれば、目に見えるので、周囲も間違いに気づきやすいでしょう。ところがビジネスの場面では、目に見えないことも少なくありません。結果、TTPしてもうまくいかないという話になってしまうのです。もちろん、TTPする元が間違っているケースもあるかもしれません。しかし、そうではなくてTTPするべきものを、きちんとTTPしていないとするならば問題です。

　TTPする際には、「徹底的」がポイントであることを忘れないでください。これがひとつめの壁です。

## TTPSの壁2　「TTPに甘んじること」

　2つめの壁は中堅社員に起こりがちなことです。中堅社員ともなると、TTPができて仕事がそこそこできるようになっています。特に型である「守」の部分はできるようになっています。そろそろ次の「破」の段階に移行してほしいタイミングです。つまり中堅社員としてTTPSすることを求められるタイミングです。ところがTTPとTTPSではまったく違う能力が求められるのです。

　TTPでは、型をパクる、つまりお手本を模倣する能力が必要です。「守」というお手本があるのです。それを何度も反復練習することで頭や身体が自然とできるようになります。

　ところがTTPSはこの反復練習では身につかないのです。たくさんの例外対応に見える活動の中から次の進化の種を見つける「目利き」の能力が必要なのです。しかも、その例外対応が次の型である「守」になるかどうかを見極める力が必要です。

　人は基本的に保守的です。新しいことに取り組むのは苦手な人が多いのです。TTPして、きちんと仕事ができている状態から、新たなことを見つけるフェーズに移行すると、試行錯誤が始まります。たくさんの失敗も経験します。今まで「型」を身につけて、一定水準の成果が出ていた状態とは違います。場合によっては、いつ抜け出せるのか分からなく

て不安になります。人から教えられたことをやっていれば良かった段階から、自分が教える立場に変わるのです。TTPして成果を出していたほうが、気分は楽です。失敗も避けられます。

　求められる能力も違う上に変化を避けるという人間の性質も乗り越えなければいけません。なかなか高い壁です。このような状態の場合、先輩や周囲の温かいサポートと叱咤激励が有効です。そして、一度この壁を乗り越えることができれば、2度目、3度目はかなり簡単になります。周囲の方々による1回目の壁を越えるサポートをするのが重要です。

## <small>TTPS<br>の壁</small>3　TTPSだけでは越えられない（本当の）壁

　TTPSは守破離の「守」と「破」の話です。TTPSを越える壁とは、守破離の「離」に到達する方法は何かという話です。守破離の「離」は、超一流や天才の領域です。結論からいうと、決まった方法はないのです。このようなことを書くと身もふたもありませんが、事実です。私たちのような一般の人が、普通に努力して到達できる上限が「破」、つまり一流領域なのです。

　超一流になるのは、才能だけではないことは分かっていますが、努力だけでも到達できない可能性があります。最後に大きな壁があるのです。もちろん、この壁も越えられないわけではありません。実際に越えている方もたくさんいます。しかし、こうやれば必ず越えられる可能性が高いという方法論が確立されていないのです。

# 4 振り返りは 2つ以上の視点で行う

## 学習する組織が勝つ

みなさんの組織は、何か施策を実行した際に「振り返り」を行っているでしょうか。何度も触れた、G-POPの2番目のP＝Post（振り返り）ですね。

振り返りをしない組織は何が問題なのでしょうか。複数の組織A、B、Cがある場合を想定します。Aでうまくいった施策がありました。しかし、振り返りをしないとBやCがそれをTTPすることができません。

TTPしないと、組織BやCが類似の施策を考えた場合、それぞれゼロから類似の施策を検討する必要があります。また、同じAという組織内でも時間が経つと、その施策のノウハウが伝わらず、また同様の施策を検討するかもしれません。まさに時間の無駄。その結果、生産性が低下します。本当にもったいないですよね。

また単純に「振り返り」といっても、単に「結果」報告をして「振り返り」をしたといっているに過ぎないケースも散見されます。正しい「振り返り」は施策の「仮説」と「結果」の「差異」についてまとめて報告することです。つまり当初の「仮説」がないとすると振り返られないのです。

まず、このような施策を行うことで、おそらくこのような成果が出るだろうという仮説をつくります。そして、結果が出た場合に、仮説の何が仮説どおりで、何が仮説と違っていたのかを振り返ることが重要で

す。これを続けると、組織に仮説立案のノウハウ、つまり精度が高まっていくのです。ところが、「振り返り」をしないと組織に何のノウハウもたまっていかないのです。結果、別の組織で、前述のように毎回毎回ゼロから類似の施策を検討するわけです。

　成功事例を振り返らない場合も問題なのですが、失敗事例を振り返らないとさらに問題が拡大します。Aが実施した「失敗施策」を、組織BやCが検討し、同様に失敗するわけです。これなどは時間に加えて投資も無駄になります。
　一般論ですが、成功には偶然があり得ます。しかし、失敗に偶然は少ないのです。失敗は原理原則を外した必然の結果であることが多いのです。つまり、失敗こそ振り返ることが重要なのです。

## 振り返りは犯人探しではない

　ところが「振り返り」の中でも、特に失敗した施策の「振り返り」は実施されないことが多いのです。前述のように、失敗こそ再発しないように共有すると効果的なのです。しかし、振り返りあるいはその後の共有がされないケースが多いのです。なぜでしょうか。
　日本の企業では、失敗したケースでの「振り返り」では、なぜか失敗した原因を「個人」に求める傾向が強いのです。
　別の表現をすると、失敗の振り返りをしたことがない人が、失敗を振り返ることは、犯人を探すことだと勘違いしているケースが多いのです。
　失敗の原因を個人に求める組織は、失敗から何も学べない組織だといっても過言ではありません。
　もちろん、その個人の不注意、怠慢、あるいは悪意など個人が原因である場合も少なくないかもしれません。しかし、個人の責任にする組織は、その人がもっと注意するべきであるとか、がんばるといった精神論で解決を図ろうとする場合が多いのです。そのような方法では、失敗は

避けられないのです。つまり再発するのです。

　重要なのは、そのような人にそのような仕事をさせている仕組みやプロセスに問題があると「振り返る」ことがポイントなのです。個人ではなく、仕組みやプロセスに原因を求めることが正しい「振り返り」の姿勢なのです。

## 振り返りで事前に決めておくこと

　では上手に「振り返る」ためにはどうしたらよいのでしょうか。中尾が実践している効果がある方法を紹介しましょう。TTP元のひとつになると思います。

　通常、施策を実行するかどうかは、何らかの会議で承認、確定することが多いのではないでしょうか。その会議の「未来日付」で「振り返る」アジェンダを会議予定に入れるのです。

　たとえば、1月10日に、その施策実行の承認が得られました。施策は3月末に終了します。であれば2週間後の4月中旬の会議に、その施策の「振り返り」を計画しておくのです。そして、事前に「振り返る」ポイントと「振り返る」主体者を確定しておくことがポイントです。施策を起案する際に、起案者には、これらの2つのポイントも起案内容に入れてもらうのです。

　つまり、Aという施策を1000万円かけて1月から2か月実行します。その振り返りを4月中旬に、営業部長が、以下の3つのポイント（たとえば、売上、粗利、顧客属性）で振り返ります。という具合です。振り返りの主体者を個人名にせずにポジションにしておくこともポイントです。人事異動などが起きても、新しい該当者が「振り返る」責任だということを明確にできるからです。

「未来日付」に「振り返り」のアジェンダを入れる習慣をつけるのは、とても効果的です。

# 振り返りで事前に決めておくこと

　この項のタイトル「振り返りは2つ以上の視点で行う」のポイントについて、最後に触れておきます。これは、第三者の目を入れて振り返りをしましょうということです。当事者が振り返ると、ついつい客観性が担保できないケースがあります。また、個人の資質により、必要以上に甘く振り返ったり、厳しく振り返ったりするケースも散見されがちです。正確に「振り返る」ために第三者の目をいれるとよいということです。

　中尾がIT会社の社長をしていたときのエピソードです。同社では、一定額以上の大規模システム開発は、実際の開発部署と専門部署（大規模システム専門組織）の2か所で振り返るルールを持っていました。専門部署は大規模開発のプロフェッショナルです。さまざまなノウハウがあります。客観的に振り返ることができたのです。
　また、その部署にすべての大規模システムの「振り返り」の履歴やノウハウがたまっていくことで、大規模システムの成功確率がどんどん向上していきました。
　成功、失敗問わず、振り返りから学び続ける「学習する組織」が結局成功する事例だと思います。

# 5　仕組みにして、習慣化する

　TTPSという活動を現場にうまく取り入れるには、いくつかのポイントがあります。その中でも一番重要なのは、「仕組みにして、習慣化する」ことです。この観点から、私が取り入れた事例をひとつ紹介します。

## アイデアコンテストの事例

　現場にはたくさんのカイゼンすべき問題とアイデアがあふれています。QC（品質管理）活動などをやっている工場などでは当たり前の話です。製造業であれば、特性要因図やなぜなぜ分析などで問題をきちんと検討して、たくさんの時間を使って練り上げていきます。素晴らしい活動です。素晴らしい活動なのですが、多くの手間がかかることが少なくありません。

　これを手軽に展開する方法が「アイデアコンテスト」です。コンセプトは、前述した「砂場の山理論」です。砂場で砂山をつくる際に、山の高さを高くするにはどうしたらよいでしょうか。それにはすそ野を広げることだとお伝えしました。
　アイデアの質を山の高さと考えると、たくさんのアイデアを出せばよいのです。たくさんのアイデアの中にきらりと光るものがあります。「下手な鉄砲も数撃ちゃ当たる」。昔の人はよく言ったものです。つまり、アイデアがたくさん出てくる風土をつくればいい。アイデアがたくさん出てくれば、その中に一定の割合で素晴らしいアイデアがあるもの

です。これに賭けてみたわけです。

「アイデアコンテスト」をやったけれどうまくいかなかったという声を聞くこともあります。そのような会社には原因があります。ひとつは最初から最高のアイデアを出そうとしたことです。そうすると量を稼げません。良いアイデアは量から生まれるという「砂場の山理論」を押さえていなかったのです。

　もうひとつは、継続できないことです。これはその組織の弱さを現しています。アイデアコンテストに限らず、何かを始めて、自然消滅してもOKとしている組織が高い業績を挙げ続けられることは稀です。取り組みを継続できないのは、アイデアコンテストに問題があるのではなく、組織風土に問題があるのです。そんな組織こそ、アイデアコンテストに再チャレンジして風土改革するのもひとつの手です。

　まずは既存社員に「アイデアコンテスト」にアイデアを出すよう働きかけます。特に現場のメンバーが不満を言い出したときが最大のチャンスです。不満を言ったメンバーに、その不満をどう解消すればよいのかを考えてもらいます。そして、その不満解消アイデアを「アイデアコンテスト」に提案してもらえばよいのです。

　これで現場の不満は消え、それを解消するアイデアが出てくるので、一挙両得です。メンバーも自分の意見が通るので嬉しく感じますし、上司自身が解決しなくていいので、負担が減ります。みんながハッピーになるのです。

　既存社員だけでなく、新卒採用や中途採用時に、内定者に対して組織がこのような「アイデアコンテスト」をしていることを伝えるのもお勧めです。たとえば中尾は次のように話すようにしていました。

「私たちは日々良いサービスをつくろうとしていますが、当然ながら完璧ではありません。入社して時間が経つと、社内で行われている努力や工夫を知ってしまうために、新しいアイデアが出にくくなるものです。

あえて社内事情をまだよく分かっていない入社直後の段階、できれば1か月以内に、アイデアコンテストにひとつ以上アイデアを提出してもらえますか?」

　大半の内定者はその場で「提出します」と回答してくれます。そして、実際に8割以上の新メンバーがアイデアをひとつ以上出してくれました。転職者のうち大半は異業種出身者だったのですが、同業者の発想からはなかなか出てこないような素晴らしいアイデアが彼らから次々に生まれてきました。とても投資対効果が高かったのを覚えています。

　とはいえ、このような働きかけだけでは動かない場合もあります。そんなときは、メンバーがアイデアを出さざるを得ない状況もつくりました。それは、アイデアコンテストへのアイデア提出、もしくは業務でのカイゼン活動の実施を、「業務ミッション」にしたのです。並行して、提出してくれたら少額のインセンティブを付与することもしました。つまり「アメとムチ」の両方でアイデアコンテスト活動が進むようにしたのです。

　また、現場に「アイデアを出してくれ!」と言うばかりでは能がありません。ときに集めたいアイデアを絞って現場に伝えることも必要です。「何でもいいからアイデアを出してほしい」では提出側も混乱します。具体的に出してほしいアイデア、たとえば経営戦略に関連するアイデアというように募集すればよいのです。

　これらのおかげで、私の組織では従業員300人程度の頃に、毎月400~500のアイデアが提案されていました。年間で5000程度のアイデアが出てくるわけです。先ほどの「砂場の山理論」でいうと、かなり高い山ができる計算になります。

　当時、私たちはこれらのアイデアを4つにグルーピングしていました。ひとつは、マニュアルや業務基準書に反映させ、それを全員がそのとおりに実行する「フロー」。2つめは、特定のカスタマとアドバイザーの組

合せの場合にのみ実行する「オプション」。そして、「対象外」と「差戻し」です。

「対象外」は、内容のレベルが低いケースや、過去に類似のアイデアが提出されていたケースがそれにあたります。「差戻し」は、内容が理解できないので差戻すということです。「差戻し」になった案件については、担当マネージャーが責任を持って対応することだけ決めていました。

　当時私たちが特に「フロー」として表彰していたのは、「簡単で効果が上がるもの」です。簡単であれば、みんながTTPできます。当たり前ですが、難しいとTTPしづらいのです。コロンブスの卵のように簡単にできそうなものがよいのです。

「アイデアコンテスト」は最初に立ち上げるときに手間がかかります。数か月は、どうしてもリーダーの伴走が必要かもしれません。しかし、しばらくすると自走が始まります。つまり「自律自転する組織」の兆しです。そうなればしめたものです。冒頭に書いた「仕組みにして、習慣化」になったわけです。

「アイデアコンテスト」はひとつの方法です。他にも良い方法があるかもしれません。ぜひ、みなさんの組織に合った良い方法を見つけて、TTPの活動を定着・促進させてください。

実践する
コツ

コツ
**1**

TTPする対象は
「最高の事例（ベストプラクティス）」を選ぶ

コツ
**2**

ただパクるのではなく、「徹底的に」パクる

コツ
**3**

TTPSがうまくいかない３つの壁を越える

コツ
**4**

振り返りは２つ以上の視点で行う

コツ
**5**

仕組みにして、習慣化する

**図11** TTPSを実践する際の5つのコツ

# 3章

# TTPSの
# 実践プロジェクト事例

これまで、TTPSの概要、具体的なやり方のステップ、実践のコツをお伝えしてきました。ここでは、TTPSを実践しているプロジェクト事例をご紹介します。

# 1 TTPS勉強会
―― 事例からTTPする
「学習する組織」の実践

　TTPSを世の中に広げるために中尾と鈴木が始めたこの勉強会は、8年にわたって学びのサイクルを回し続けている事例です。勉強会と銘打ってはいますが、その目的は単なる学びのコンテンツ提供ではありません。勉強会を通じて参加者にTTPSという方法を体験し、効果を実感してもらい自組織に持ち帰りTTPしてもらうことを目指しています。そうすることで、少しでも「学び合う自律自転の組織づくり」が広まっていくことを狙いとしているのです。

### TTPS勉強会の概要

**目的（Goal）：**
学び合う自律自転の組織をつくる人を増やす
**対象：**
組織づくりに関心のある人
**手法：**
月1回テーマを決めて講師役となるゲストを招き、事例から学ぶ
**事前準備（Pre）：**
事前課題を行い、teamTakt（企業向け協働学習支援ツール）に掲示
**実行（On）：**
グループディスカッションなどの対話を通じTTPするところを見つける
**振り返り（Post）：**
①参加者は、24時間以内に行動することをひとつ決める
②3~4人でチームになり、1週間以内に1時間の振り返りを行う

スーモカウンターで実践されていたTTPSは、同一組織でひとつの目的に向かってベストプラクティスを共有しあい学び合うというものでした。かたやTTPS勉強会は、目的も所属もそれぞれ異なる参加者が集まる会です。「教える立場」「教えられる立場」という一般的な勉強会にある構図ではなく、相互に学び合う関係性をどう実現するかが課題でした。

　そこでTTPS勉強会では、その運営にあたってさらにさまざまな事例をTTPしています。

## TTPS勉強会がTTPしたもの①
## Flipped Learning（反転授業）

　一般的な勉強会というと講師から話を聞き、学んだことを各自が実践するという形が通常です。学校での授業のように、先生の話を聞いて、自宅で宿題をするという形式です。

　この手の学習方法は、受け身になりがちです。しかも、自宅で宿題をしようとしたら、分からないところが出てきます。しかし、自宅では相談する相手はいません。分からないまま、宿題ができずに翌日を迎えるなどということが起こります。そして、翌日の授業では、次の話に進んでしまい、内容が分からないまま授業が進みます。

　この仕組みを反転したのがFlipped Learning（反転授業）の考え方です。自宅で授業をビデオなどで見ておきます。そして学校では問題を解くということです。分からなくなったら先生がそこにいるわけです。相談ができるのです。この反転授業により、生徒の習熟度が高まることが報告されています。

　そこでTTPS勉強会では、先に課題図書を読んだり、ビデオを見て、さらに事前課題を提出して勉強会当日に臨みます。これは、もともと中尾がリクルート時代に行っていた管理職育成のための私塾「中尾塾」をTTPした勉強会の運営方法でもあるのです。参加者は、事前情報から学び、加えて事前課題に回答しているのです。当然ながら、参加者のレ

ベルが向上します。これにより、勉強会当日には、限られた時間で本質的な議論を行うことができるのです。

さらに勉強会当日には、参加者は、テーマに対して事前課題に回答したそれぞれの仮説を持ち寄り、グループディスカッションを行います。

一般的にはなじみがないかもしれませんが、研究者が集まる「学会」はこのような手法をとっています。講師も参加者も一緒にそのテーマについて思考を深めていく、「学会」に近い学習方法をTTPしているともいえるのです。

## TTPS勉強会がTTPしたもの②
## teamTakt

勉強会には、企業に勤めているビジネスパーソンだけでなく、いろんな方が参加されます。経営者、フリーランス、個人事業主、学生。参加者は必ずしも普段から活動を共にしているわけではなく、初めて会うことも多いです。そのため、一般的な勉強会の最初の時間は、お互いの自己紹介やテーマに対する自分の意見を交換するだけで多くの時間を使ってしまいます。あまりにもったいないです。

TTPS勉強会の当日の開催時間は2時間と決めています。限られた時間でいかに参加者が本質的な議論に集中できるか、参加者同士の学び合いの時間に使うことができるかが課題でした。

そんなとき、中尾と鈴木は後藤正樹さんと出会います。後藤さんはschoolTaktという協働学習支援ツールを開発するコードタクト社の代表取締役でした（学生向けはschoolTakt、企業向けはteamTaktと呼びます）。schoolTaktを活用することで、①学校の先生が雑務から解放され、子どもたちと直接向き合う時間を増やせること。②生徒が主体的・能動的に授業に参加できるようになることを目的として開発されました。

生徒はwebブラウザからschoolTaktにある自分のアカウントにログインし、用意された教材に自分の回答を記入します。全生徒の回答は互いに閲覧することができ、全員分の回答を一度に並べて閲覧することも可能です。これにより、クイズ番組のように楽しみながらも、他の生徒が

どういった回答をしたかを知ることで自分の学習にもつながるというものです。

　こうしたツールを使うことで、講師も参加者も、勉強会に参加する前にどういった参加者がいて何を課題にどういう仮説をもってこの場に来ているのかを知ることができます。これによって、多様な背景を持つ参加者が当日学び合うことに集中できる状態をつくっているのです。

**図12** teamTakt画面キャプチャ

# TTPS勉強会がTTPしたもの③
## タクトル

　TTPS勉強会は、多くの場合、事前に課題図書が提示されますが、なかには読まずに参加される方もいます。個々人の事情もさまざまある中で、どうすれば全員が課題図書を読んだ状態で当日参加できるかも、ひとつの課題でした。

　タクトルは、事前準備なしに（つまり本も読まずに)60分で1冊の本の内容をざっくりと理解できるオンライン読書会です。アクティブブックダイアログの手法を、企業向け協働学習支援ツールのteamTaktとオンライン会議アプリのZOOMを使って行います。これにより、読書を孤独な取り組みからチームで学び合う体験に変え、時間、地域の壁をも越えることができるのです。

　やり方は簡単。当日集まったら目次を読んで分担を決め、各々が30分で担当領域を読み、teamTaktに要約を書きます。そして全員で集合した後、1章を担当した人から2分でプレゼンします。

　「2分でプレゼン」というのがポイントです。これにより集中力と要約力が高まることが期待できます。この1章から最終章までのの「2分プレゼン」をビデオに撮っておくと、本のサマリーが出来上がります。

　本からTTPするポイントを見つけて、明日から活用しよう！ということを意識して読むことでより高い成果を得ることができます。

　具体的な進行方法について、G-POPに合わせて紹介しましょう。

## Pre（事前準備）

　参加者は、事務局から出された事前課題（本、記事、ビデオ）を事前に読みます。さらに、もし自分が講演者の立場であったらどうするのかを想像して、teamTakt上に記載します。

**タクトルは事前準備なしに**
**60分で1冊の本の内容をざっくりと理解できるオンライン読書会**

第1章　STEP1
集まったら目次を読んで担当を決める

第2章　STEP2
各自が30分で担当領域を読み・要約

第3章　STEP3
2分でプレゼン

第4章

**本からTTPするポイントを見つけて、明日から活用しよう！**
**そのことを意識して読むことでより高い成果を得ることができる**

**図13**　タクトル

事前情報を読んでも、疑問点が出ます。その質問・疑問をteamTaktに記入します。teamTaktに記入した内容は参加者間で相互に閲覧可能なのです。そのため、他の参加者がどういう問いを持っているのかが、勉強会開催前に知ることができます。

　teamTaktは、講師も事前に閲覧が可能です。講師はその内容を確認することで、参加者が、どのような問いを持っているのかを頭に入れた状態で臨むことができます。結果、講師が通常であれば講演で使う時間を、参加者とのインタラクティブなやりとりに使うことができるのです。

## Ｏｎ（当日）

　当日は3〜4人の小グループに分かれて、事前課題で考えてきたことやテーマに対する持論について対話します。対話を通じて問いを深め、講師への質問を改めて見直します。そうして十分に問いを深めた状態で講師の話を聞きます。

　講師の話が参加者の仮説と違っている、あるいは想像を超えていることがあります。その結果、参加者は自分の仮説と実際に起きたこととのギャップに気づくのです。その後、グループ内で対話を行い、気づいたギャップを確認。そのギャップの中から、TTPすることが見つかることも多いのです。

　講師もひとりの参加者としてグループ対話に加わります。TTPS勉強会は多様な参加者がいます。その多様な立場の参加者との対話の中から思わぬ学びを得ることが少なくありません。対話中心の勉強会だからこそ、「教える側、教わる側」という立場を超えた「互いに学びあう場」が実現しやすいのです。

　TTPすることを見つけたら、そのための第一歩として、24時間以内にやることをひとつ決め、グループメンバーと振り返りの日程を決めます。この「24時間以内にやること」というのがポイントです。学んだことを24時間以内に行うことで、自分の力となりやすいのです。

また、24時間以内に行動するためには、自分ができる小さなアクションである必要もあります。「24時間以内」という条件をつけることで、自然とできることのサイズは小さくなり、実行に移しやすくなるのです。

## Post（事後の振り返り）

　多くの勉強会では、On（当日）に講演者の話を聞き、そこから学びます。聞いた話をメモにとり、家に帰ってから見直す、あるいは見直すこともなく、「いい話を聞いたなぁ」で終わってしまっているかもしれません。
　TTPS勉強会では、前述のように、グループメンバーで1週間後に振り返るZOOMミーティングまでをセットにしています。「1週間後にメンバーに報告する」ということが決まっていると、決めたことを実行する動機になります。一人では続けるのが難しいことも、共に実践する仲間の存在があれば、それが力になることもあります。そして実際のZOOMでの振り返りミーティングでは、多様なアドバイスを得られ、また実践を継続しようと思える場になるのです。

　以上のとおり、TTPS勉強会は、当日だけが学びの場ではなく、前後のPre、Postを含めて学べる場をつくっているのです。

# 2 ありえる楽考
## ―― 学習し続ける組織の事例

　TTPSで「学習し続ける組織」をつくっている事例を紹介します。鈴木が主催している「ありえる楽考」（ありえるは、あり得ないことをあり得るようにする。活動を楽しく考えながら実行する）です。

　ありえる楽考の考え方は、学びを組織に組み込む場合のTTP元に使えます。

**ありえる楽考　概要**
**目的：**
誰もが、志ある人になる人才輩出集団をつくること。そのために、参加者一人ひとりが独自の商品企画・サービス開発を通じて、無我夢中になれる環境を提供
**対象：**
（極論すれば）誰でも
**手法：**
「人生をかけて成し遂げたいこと＝たまかつ（魂をかける活動）」を定め、その達成のために今年到達したいゴールを設定する。週に一度、メンバー4名とファシリテーター1名で1時間の内省と対話を横関係で行い、相互にアドバイス、サポートを行うことで学習効果を高めている

　ありえる楽考では、メンバー相互にアドバイス、サポートを行うことがポイントです。
　そのために「楽友」（ありえる楽考のメンバー）は、次の行動原則を共有しています。

「楽友の三原則」
・率直に感じたことを伝える
・相手の立場から観る
・肯定的な態度をとる

　人は一般に、「感じた」ことを話そうとしても、「考えた」ことを話してしまいがちです。そのため、最初は戸惑ってしまうことも多いです。しかし、自分の感じたことに意識を向けることは、自分が何に関心があるのか、それはなぜなのかを思考する入り口になります。それは他者の関心に目を向けることになり、他者との信頼関係を構築してゆくきっかけになるのです。
　「率直に」感じたことをフィードバックし合うためには、相互の信頼関係が必要です。信頼関係をベースに、相互に「率直に感じたこと」を交換する。これが自分と他者を相対化し、自分の特徴を知るきっかけになります。

　自分の特徴の中で「価値につながる」特徴は、案外自分自身だけでは分からないことが多いものです。他者に率直に感じたことを伝えるときに、「普通こうするよね」という発言の形で表れたり、他者から「あなたのここはすごいよね」と言われたりすることで初めて気づくことが多いのです。
　ファシリテーターと1対1ではなく4人グループで実施しているのは、多様な角度で相互に「率直に感じたこと」の交換ができ、より高い学習効果が期待できるからです。

　そして、信頼関係のあるグループをつくるのに有効なのが、3原則の残りの2つ「相手の立場から観る」「肯定的な態度をとる」です。この三原則にしたがい毎週の対話を行うことで、知らず知らずのうちに学びのサイクルが回っていくのです。

「ありえる楽考」の目的：
「誰もが、志ある人になる人才輩出集団をつくること。
そのために、参加者一人ひとりが独自の商品企画・サービス開発を
通じて、 無我夢中になれる環境を提供」

「人生をかけて成し遂げたいこと＝たまかつ」
を定める（Goal）

常にGoalを意識しながら、
毎週Pre（事前準備）を行い、
On（実行）し、Post（振り返り）を繰り返す

セルフマネジメントをする4人と
ファシリテーター1名が週に一度、
1時間の内省と対話を横関係で行い、
相互にアドバイス、サポートを行うことで
学習効果を高めている。

「楽友の三原則」
　率直に感じたことを伝える
　相手の立場から観る
　肯定的な態度をとる

**図14** ありえる楽考

# 3　中尾塾

## 中尾塾という方法

　著者の一人である中尾は、中尾塾という「経営者塾」を運営しています。経営者としての経営観（判断軸）をつくることを目的としています。経営者、すなわちリーダーは、情報が少ない、時間がない、判断が悩ましい状況で、判断をするのが仕事です。経営者の仕事は極論すると「判断」をすることだけだと言い切ってもよいかもしれません。

**中尾塾　概要**
**目的：**
中尾塾に参加している経営者が、①自分の経営観（判断軸）を持つこと、②マネジメントの引き出しを増やすこと
**対象：**
経営者
**手法：**
①人から学ぶ：王道の経営をしている経営者の経営観を学ぶ。
②書籍から学ぶ：中尾が過去に読んだ約2000冊の本の中から毎月2冊選び、そこから学ぶ
③相互に学ぶ：毎週4人で1時間グループコーチングを実施
**期間：**
半年〜

　この中尾塾は、中尾がリクルート時代に実施していた「管理職育成」

の塾がTTP元になっています。名称が同じ中尾塾と紛らわしいので、中尾がリクルート時代に行っていた中尾塾を「旧中尾塾」と呼ぶことにします。

## 旧中尾塾

旧中尾塾は、中尾がリクルート時代、具体的にはスーモカウンターを担当していた6年とリクルートテクノロジーズを担当していた3年間に行っていた「管理職育成」塾です。

**目的：**
参加者がマネジメントの主要2スキルを取得する
▶ People Empowerment：自分も含めた人のやる気スイッチを見つける
▶ Project Management：プロジェクトマネジメント
**対象：**
次の管理職候補（2組織、約9年間で100名強）
**手法：**
①人から学ぶ：リクルート社内経営者が中間管理職の頃のマネジメントを学ぶ
②書籍から学ぶ：中尾が過去読んだ本から毎月2冊選び、そこから学ぶ
→各自、人からの学びと本からの学びを明日から何にどう活かすのかをイントラネットに提出。その記載内容に対して、中尾がアドバイス
**期間：**
9か月（課題図書が20冊あったので、それを読み切る期間）

中尾塾の仮説は、正しいインプット（中尾が選んだ良質な本と社内の経営者の体験）を行い、それをすぐに実践に活用することで、そのスキルを習得できるのではないか？というものでした。この手法で100名を超える管理職を育成したのです。

しかし、この「旧中尾塾」が成立した条件として、以下の前提条件がありました。

・参加者が同一組織のメンバーである
・中尾と参加者は上司部下の関係である

　2019年に株式会社中尾マネジメント研究所を設立した際に、「旧中尾塾」のようなものが組織を超えて成立するのか確認してみたいという気持ちが中尾にはありました。ところが上記の前提条件を超えて、実現できるのかどうかの自信がありませんでした。

　そのようなときに、Fringe81の松島COOから、同社の次の経営者候補の育成を支援してほしいというテーマをいただきました。事前に同社の人事制度策定の支援をしていたこともあり、何か役に立てないかと考えて、「旧中尾塾」の話をしました。そうしたらすぐに意気投合し、これをモチーフにバージョンアップできないか考えてみましょうという話になったのです。

　ちょうどその前後に3つの出会いがありました。それをTTPすることで新しい中尾塾ができるのではないかと思ったのです。
　3つの出会いとは、ここまで紹介してきた①teamTakt、②タクトル、③ありえる楽考（グループコーチング）です。

　③について、もう少し補足しましょう。
　ありえる楽考は、前述のとおり共著者の鈴木が進めている協働学習の手法です。並行して検討したのが1on1によるコーチングです。1on1は有効な学習促進の手段です。ただし、これを大規模で実施しようとすると、少なくとも以下の3つの課題にぶつかります。

（1）人数が増えると実施時間が増える
（2）コーチの力量が求められる

（3）コーチと参加者の相性が重要

　これをグループコーチングという形で1人のコーチと4人の参加者にするとこれらの課題が解消されやすいのです。

　1人のファシリテーターと4人の参加者は、毎週1時間グループコーチングを実施します。参加者は事前にteamTaktに記入したうえで、参加します。1人が5分ほどteamTaktをZOOM上で共有しながら、補足説明をします。説明が終わると残りの参加者が1〜2分で感想やアドバイスを伝えます。説明した参加者は、他の参加者の感想やアドバイスを受けて感じたことを伝えます。これを参加者全員で繰り返します。

　これを数週繰り返すと、参加者同士での相互承認や相互アドバイスが始まるのです。つまり、1on1と比較すると、コーチという1人からアドバイスだけではなく、参加者からも承認やアドバイスがもらえます。これがミソです。この相互アドバイスのおかげで、コーチの力量が低くても、相性が悪くても、コーチングが成立するのです。

　そしてグループコーチングは1時間で効率的に実施できるので、1on1よりもより多くの人数に対して対応が可能なのです。

Input

定例会

プレ　　　　オン　　　　ポスト

タクトル

Input　　　　　Input

ABD：　　　　ABD：
Active Book　　Active Book
Dialogue (or 読書)　Dialogue (or 読書)

Execution　　　　Execution　　　　Execution

学んだことを　　　学んだことを　　　学んだことを
1つ実行　　　　　1つ実行　　　　　1つ実行

ありえる楽考

Reflection

振返りとグループコーチングによる定着化（スキル化）

## 1か月のサイクルを5〜10か月回し定着化

| Goal | Input | Execution | Reflection | Skilling |
|---|---|---|---|---|
| 設定 | 良質なインプット | 仕事での実践 | 振り返り（内省） | スキル化 |

**図15** 中尾塾モデル

## 中尾塾の今後

マネジメント力向上には、2つのスキル ASC、PE&PM が必要。
ASC：応用力、PE&PM：基礎力

3つの考え方（TTPS,InERS,G-POP）を活用すれば、
マネジメント力向上が効率的にできる。

WOW!
超一流・天才

離

InERS
実践に活用

G-POP
逆算思考

ASC
：Art（直観、感性）
：Science（論理、数字）
：Craft（経験）

プロ・一流
ハイパフォーマー

破

PE&PM
：People Empowerment
　人のやりたいことを見つける
：Project Management
　チームで仕事を進める

TTPS　巨人の肩の上に乗る
：徹底的にパクる
：徹底的にパクって進化させる

中堅
一人前

守

**図16** 中尾塾の今後

# 4　NMIプロジェクト

　組織の垣根や上下関係、そして顧客と委託先という関係性も超えたひとつのフラットな組織をつくり、TTPSサイクルを回すことで成果を上げているプロジェクト事例をご紹介します。この事例は、今後のリモートワーク、副業の活用、社外高度人材の活用などのTTP元になる可能性があります。

　ある日、中尾の元に、A社社長のTさんから1通のメールが届きました。Tさんからの相談（つまりゴール）は2つありました。

①新規事業の立ち上げ
②既存事業の業績アップ

　Tさんの実現したい世界観や従業員を大切にしたいという思いに共感した中尾は、この相談を受け、プロジェクトを立ち上げることにしました。

　この頃、中尾が参加していたエッセンシャルマネジメントスクール（EMS）ではワークグラムの体験授業が行われていました。ワークグラムは、セルフエスティーム・ジャパン社が考案した「喜び・関心軸」から自己理解を促すツールです。自らの関心を活かすことで貢献実感を得られたとき、チームワークや生産性を高めていくことができるという理論なのです。
　そこで鈴木から、このワークグラムの考え方でプロジェクトを立ち上

げれば成果が出るのではないかとアドバイスをもらいました。そこで、EMS内にあった組織開発部に声をかけ、このプロジェクトに参画したいメンバーを募ることにしたのです。

　すると11名が集まりました。メンバーは全員兼業（副業）です。メンバー自らの興味、関心に沿ってチーム編成をするというプロジェクトがスタートしました。つまり各自が、自身の関心軸に沿って、やりたいことだけをやるということです。うまくいくのかとドキドキしました。しかし、心配はまったく無用でした。

　さらに私のマネジメントの大前提である「情報はOpen&Fairにする」ということから、契約内容や各自の報酬まですべて開示するという方針でプロジェクトはスタートしました。


　前述したG-POPのフレームで整理してみましょう。

　ゴール（Goal）は、A社社長のTさんからの2つの相談内容です。これを実現することがゴールというわけです。

　事前準備（Pre）は、さまざまな定量、定性の情報から、どのような状態なのか、ゴールから逆算してどのようなギャップがあるのかという「①現状把握」するステップと、ではゴールにたどりつくためにはどうすればよいのかという「②解釈」するステップに分解できます。

　そして、実行（On）です。現場は日々業務を行っています。そのときに最適な方法だと考えて運営をしているのです。そこに我々が「①現状把握」、「②解釈」を経て、新しい方法を提示するわけです。現場の立場から考えると、現状を否定されていると感じるか、あるいはそこまでいかないにしても、新たな負担が増えると感じるわけです。つまり私たちは、現場に対して「③介入」しているのだという意識を持って、現場とコミュニケーションしなければいけないという戒めを意識するための言葉として「③介入」という言葉を使っています。


　では、「①現状把握」「②解釈」「③介入」のステップでこの事例を見ていきましょう。

「①現状把握」のステップでは、前述の制約条件理論を活用します。既存事業の業績アップのための制約条件を見つけるアプローチから始めました。一番弱い制約条件を、TTPという方法で強くしていくことでビジネス全体を強化していくのです。

　そのためにビジネスモデルからそのフローを整理し、その中から問題が起こっていそうなところはどこか、仮説を立てます。

　この仮説を元にA社メンバーとのディスカッション、データ分析、現場ヒアリング、現場体験を実施します。誰がどのタスクを実行するかは、特定のリーダーが決定、指名するのではなく参加者それぞれが、自分の得意なところや関心に合わせて自分がやりたいと思ったことを選び、行動しました。

　たとえば11名のうち、6名がのべ10か所の現場に足を運びました。そのうち4名は実際に会員となって自らサービスを体験し続け、外からだけではなく内に入りながら現状把握を行いました。


　次の「②解釈」のステップでは、最初に立てた仮説と「①現状把握」で集めた事実を照らし合わせながら、制約条件を探していきます。

　既存事業のビジネスモデルは、会員型のサブスクリプションモデルでした。これは、穴の開いたバケツモデルともいわれています。水がはいったバケツの底に穴が開いたとしても、入る水よりも出る水の方が多いとバケツの水は増えていかないというシンプルなモデルです。退会者数を減らし入会者数を増やすというのが、基本となる考え方です。

　ではいかにしてその穴を埋めていくか、退会に焦点をあてて分析をしていきます。入会後の退会時期、その理由や特徴を探していきます。すると、入会の時点である程度退会する兆しを把握できることが分かりました。そこでチームは、退会の段階になってから止めるのではなく、入会時の接客が鍵であるという仮説を立ててA社メンバーともディスカッションを行い、ここを制約条件としてTTPするポイントを探ることにしたのです。

　社員の中から最初のTTPすべき事例や人を見つけるために、これま

で集めた退会に関するデータの中に特徴がないかを見ていきました。すると、一か所だけ特に退会率が低い店舗が見つかりました。そこで、その店舗へ行き詳しく話を聞いていくと、Yさんという社員に出会いました。

　しかし、Yさんに直接何か特別なことをしているのか尋ねても、「当たり前のことをしているだけです」と答えるだけで、好業績のポイントが分かりません。周囲に聞いても分からない。そこで、彼女の接客をよく見たりビデオに撮るなどして、わずかな特徴でもないかとメンバーは探していきました。すると、入会意向の確認の仕方に特徴が見つかったのです。

　見学や体験をしたお客様に対し、他の社員は先に感想を聞いてから入会を勧めていたのに対し、Yさんは「いつから入りますか」と入会を前提にした聞き方をしていたのでした。

　こうした聞き方をすると成果が上がるという、有名なエピソードがあります。ある焼き肉店が、焼き肉とセットでわかめスープを勧めることを始めました。その際、「わかめスープは大と小ありますがどちらになさいますか？」と尋ねるのです。「わかめスープをつけますか？」と尋ねると「いいえ結構です」と断られやすいのですが、この聞き方にしたことで一緒に頼む人が増えたといいます。

　こうした接客時の特徴は、本人も周りも気づかない、ほんの少しの違いです。しかし、制約条件として仮説を立て、ひとつのプロセスに絞って徹底して違いを探していくことで、うまくいっている人からTTPするポイントが見つかることがあるのです。


　TTPするところが決まったら、次は「③介入」を行います。見つけたTTPするポイントを、実際の現場に導入していくプロセスをとるのです。ここで注意しなければならないのは、人はこれまでやってきたことをいきなり変えるのには抵抗があるということです。つまり、すぐに実現するのは難しいということです。

　丁寧にステップを踏んでいく必要があります。本プロジェクトでは、

本部役員、マネジャー、店長、セカンド（No.2）、現場社員という順番でこれまで立てた仮説とTTPSの考え方、具体的なプロセスを説明していきました。次に、各店舗にこうした接客ノウハウを共有する仕組みを導入しました。

　各店舗での工夫をteamTaktに掲載し、店舗間で共有するのです。最初はメンバーが中心となり、共有されるノウハウについて「これはすごい！」と花丸をつけるなど称賛を行いました。店長同士でも、互いの取り組みに「いいね」をつけるなどして横展開していきます。

　このように、成果を挙げている社員や店舗の方法をTTPするということに対して、会社から許可が出たときに社の雰囲気が変わりました。自慢してもいい、共有していい、もし失敗してもとがめられることがない。そうしたことが、teamTaktを通じて全社員に共有されました。これまでであれば、店長を通さなければ知り得ない他店舗の情報が、直接全員に見える化されたことで、あれもできる、これもできるのではと、たくさんのアイデアが社員から次々に提案されました。

　そして、本プロジェクト開始から4か月で、退会率が前年度比マイナス20％という結果が出たのです。制約条件は、ひとつが強化されると別のポイントに移動します。そうして弱いところを強化し続けることで強い組織であり続ける、終わりのない旅のような活動です。

　こうしてNMIプロジェクトは、TTPSの目指す「学習し続ける組織」として、探究の旅に出ることができたのです。

# 4 章

# 日常で使える
# 応用事例

TTPSは日常のさまざまな場面でも活用することが
できます。ここではイケてる経営会議のノウハウを
現場組織がTTPし、全社へと広がっていった事例
をご紹介します。

# 1　会議への応用

　TTPSは日常のさまざまな場面でも活用することができます。ここではイケてる経営会議のノウハウを現場組織がTTPし、全社へと広がっていった事例をご紹介します。

「会議が多くて仕事にならない」
「無駄な会議が多すぎる」
　会社組織に勤めている方で、会議は自分の貴重な時間を奪うものだと、うとましく感じた経験のある人は多いのではないでしょうか?
　しかし、会議とは本来、関係者が集まって、重要なことを議論して決めることを指します。多様な人材が力を合わせて、同じ方向に進んでいくために必要なコミュニケーションのひとつなのです。
　そう考えると、会議のレベルアップは仕事を進めるうえでROI(投資対効果)が高い取り組みのはずです。

　私たちの日々の労働時間において、会議は大きな割合を占めています。にもかかわらず、うまくいっているケースが少ない。量が多く、改善する幅が大きいということは、制約条件理論でいうところの「弱いところ」、すなわち制約条件にあたります。最も弱いところを強化すると、全体が強化されるというのが制約条件理論です。したがって、会議をレベルアップさせることは、会社の変革につながる重要な取り組みといえます。
　この仮説をもって中尾がリクルート時代に取り組んだのが、経営会議の変革です。この事例をG-POPのフレームで見ていきましょう。

## ゴールを設定する

　会議を変えるゴールとして設定されたのが、「クリエイティブなものにする」です。経営会議は、会社内で最も役職の高い経営陣が集まり、会社や事業の最も重要なことを議論して決めていく場です。答えのない、誰も経験したことがない未来に対して、関係者間の軋轢を超えて意思決定していく必要があります。こうした経営会議の場こそ最もクリエイティブであってほしいと考えたのです。

## TTPするところを見つける（因数分解する）

　設定したゴールに対して、どこを強化すれば効果があるのか。そのポイントを見つけるために、会議をPre-On-Postの観点から分解していきましょう。

Pre（事前準備）：
・アジェンダを決める
・タイムスケジュールを決める
・参加者を決める
・時間と場所を決める
・開催通知を参加者へ送る

On（当日）：
・議題と資料を説明する
・意見を出し合う
・まとめ、結論を出す

Post（振り返り）：
・決まったことに対して行動を起こす

分解したら、次はさまざまな会議の現状把握をして特徴を探し、構造を捉えなおしていきます。そのためにPre-On-Postのそれぞれについて、抽象度をあげて以下の問いを立ててみます。

①誰が（参加者）
②何を（アジェンダ）議論しているのか
③決議後の態度

　イケてる経営会議、すなわちゴールに最も近い会議の特徴を分析したところ、次のような特徴が現れました。

①誰が（参加者）
→意見が異なる人、部門の利益代表ではない人が厳選された少人数
②何を（アジェンダ）議論しているのか
→トレードオフのあるアジェンダに会議時間を多く配分する
③決議後の態度
→disagree but commit（自分の意見と異なっていても、決まったら実行する）

　一方で、イケてない会議は、次のような特徴を持っていました。

①誰が（参加者）
→意見が類似している人や部門の利益代表を集めた大人数
②何を（アジェンダ）議論しているのか
→コンセンサスを得られるアジェンダに会議時間を多く配分する
③決議後の態度
→agree but non-commit（その場は納得した様子だが、実際は実行しないことが多い。部下に報告する際に、「俺は意見が違ったのだが…」と言い訳を伝えがち）

　それぞれの要素を比較して、ゴールと照らし合わせながら強化するポイント（TTPするポイント）を決めていきます。

①も③も結局②に影響を受けて変わるので、②に焦点をあてるのが一番効率がいいと考えました。そこでTTPするポイントは、「重要アジェンダに会議時間を多く配分する」ことに設定します。

## ベストプラクティスを見つけて仮説を立てる

TTPする場所が決まったら、次は内容です。「重要アジェンダに会議時間を多く配分する」ためのベストプラクティスを探していきます。

そこで見つけたベストプラクティスが、リクルートマネジメントソリューションズで行われていた「事前審議」という方法でした。

事前審議は、その名のとおり、参加者が事前にアジェンダについて意思表示を行っておくことです。会議開催者は事前に参加者に対して資料を共有します。参加者は内容に対して「承認」「否認」「保留」といった意思表示を行います。「否認」「保留」の場合は、その理由をコメントで明確にしておきます。参加者全員が「承認」の場合は議論の必要がありませんし、すでに皆理解している内容なので、アジェンダから省くことができます。

また、事前に資料を共有しているため、当日説明する時間を短縮することができます。そのため、会議当日はトレードオフのあるアジェンダに会議時間を多く配分することができるのです。

事前審議は、会議当日の時間配分の効率化以外にも効果をもたらしました。事前審議結果を全社へ開示しておくことで、参加者が多いという問題も解決することができたのです。

この事前審議は、その後リクルートのさまざまな組織でTTPされていきました。これによってリクルートでは、重要アジェンダに対する議論や、クリエイティブな発想を生み出すことに時間を使うことができるようになったのです。そしてひとつの型となり、他社でもTTPされ、伝搬されていきました。

やがてこの事前審議を取り入れた会議の進め方は、当日よりも準備期間が重要であるという、仕事をうまく進めるうえでの勘所のひとつとなり、G-POP というひとつの型につながっていくことになったのです。

# 2 1on1ミーティングから グループコーチングへの 進化

　Googleなど米国シリコンバレーの有名企業が実施していることで話題となり、日本でもYahoo! JAPANが導入して注目されるようになった1on1ミーティング。対話と振り返りによってチームの関係性を高め、メンバーの成長とパフォーマンスの最大化に寄与する機会として期待されています。

　一般には、上司と部下が人事評価以外の対話をする場とされ、1回15〜30分のミーティングを、多いところでは週に1回、少ないところでも月に1回と、短いサイクルで定期的に実施するのが特徴です。

　ところが前述のように、（1）時間がかかる（時間問題）、（2）相性の良し悪しがある（相性問題）、（3）コーチの力量に左右される（力量問題）などの理由で形骸化しているケースも起こっています。

　こうした1on1という仕組みをTTPしていく中で、1on1だけではうまくいかない部分について試行錯誤するうちに、グループコーチングという形に進化（TTPSのS）させることに成功した事例をご紹介します。

## ゴールを設定する

　1on1のゴールは多くの場合、「チームの関係性を高め、メンバーの成長とパフォーマンスの最大化を図る」ことです。それに対して、3章で紹介した「ありえる楽考」では、成長とパフォーマンスの最大化についてもう少し解像度をあげて、「個人が『自己理解』や『他者理解』といったセルフマネジメントの因子を高める」ことをゴールとしていま

す。

　セルフマネジメント力を高めることが、知識社会において個人と組織が良い関係になり、個人が働きがいを感じ、創造性を発揮するために必要な要素だと考えているからです。

## TTPするところを見つける（因数分解する）

　ありえる楽考が置いたゴールを実現するためには、1on1という方法だけではうまくいかない、という問題が起きていました。

　ここで、うまくいっていないポイントを見つけるために、まず1on1ミーティングをPre-On-Postの観点から分解してみます。

**Pre（事前準備）：**
・時間と場所、話の内容を決める

**On（当日）：**
・メンバーの業務について振り返りを行う

**Post（振り返り）：**
・メンバーは振り返りで話したことを意識して次のミーティングまで過ごす
・リーダーはできることがあればメンバーを支援する

　次に現状把握をして、構造を捉えなおしていきます。ここでも現状把握するためにPre-On-Postのそれぞれについて、抽象度を上げて問いを立ててみましょう。

①誰が（参加者）
②何をテーマに対話しているのか（対話テーマ）
③その後の態度

うまくいっていない1on1の場合、次のようなことがよく起こるのではないでしょうか。

**①誰が（参加者）**
→上司と部下

**②何をテーマに対話しているのか（対話テーマ）**
→日々の業務の振り返り、自由なテーマ

**③その後の態度**
→翌日は仕事の仕方に変化が見られるが、次第に元に戻ってくる（回数を重ねるうちに、だんだんと話すことがなくなりがち）

　鈴木が注目したのは①の「上司と部下」です。この関係が前述の「(2)相性問題」「(3)力量問題」が生じる原因のひとつです。また、1対1の対話では対立が起きやすいという点も、これらの問題に拍車をかけました。

　これらを一気に解決できる方法として、グループコーチングという形に進化させました。1対4で実施するので、「(2)相性問題」が起きにくく、4人の間で化学反応が起きやすいので「(3)力量問題」も解消できるのです。おまけに「(1)時間問題」も4分の1で済むのです。「ありえる楽考」で「型」となったグループコーチングは、中尾塾でさらにTTPSされています。

# 3 ハイパフォーマーの好業績のポイント把握とチームビルディング

　ここでは、ハイパフォーマーの好業績のポイント把握とチームビルディングを、TTPSという方法を使ってどのように行っていったかの事例をご紹介します。

　ハイパフォーマーというと、仕事をするうえで平均的に高いスキルを持ち、目に見えて高い業績をあげているメンバーだけに目が行きがちです。しかし、もう少し枠を広げて捉えてみてはどうでしょうか。「なんだかよく分からないけれどあの人がかかわるプロセスはとてもうまくいく」といったことが起きていませんか？

　そうした暗黙知になりがちなメンバーの、望ましい結果につながり続けている行動をTTPしていったことで、互いを尊重し、得意不得意を補い合い、それぞれの成長へとつながるチームがつくられていった事例をご紹介します。

　「telecook：遠隔おしゃべり料理会」は、各家庭の台所と台所をオンラインでつなぎ、料理を教え合うコミュニティーです。ある特定の講師に習うのではなく、メンバーそれぞれが、あるときは先生役に、あるときは生徒役になり、得意料理を教え合います。そうしてできた料理は各家庭の食卓に並び、みんなで一緒に、あるいは各家庭で美味しくいただきます。

　特徴的なのは、自分は料理をつくらないけれど、みんなでわいわいおしゃべりをしながら料理をしている様子を見にくるだけというメンバーもいることです。また、同じ時間を共有しながらも別の料理をつくるメンバーもいます。それぞれがそれぞれのあり方で、自由に食を楽しむ場

所です。

　きっかけは、International Day of Happiness（国際幸福デー）として国連が制定した3月20日に行われたオンラインHappy Dayイベント。立ち上げメンバーの一人がイベントの中で、料理をする様子をライブ配信したことから始まりました。その様子に関心を持った別のメンバーが今度は自分の得意料理をオンラインで配信。次第に、一人を先生役にオンラインで料理を教わり一緒につくるという活動が口コミで広がっていきました。

　立ち上げのコアとなったメンバーは、たかさん、さおりさん、めぐみさん、みかさんの4人。知り合いが多く、telecookの開催を気軽に声をかけて誘うことができるたかさんとさおりさん。知らない人とつながることが苦手で慎重派のめぐみさんは、この二人のつながる力を特別なものに感じていました。特に、さおりさんがかかわる場では、必ず人のつながりが生まれることに気づきました。

　めぐみさんが肌で感じるさおりさんのつなげる力。自分の得意分野ではない、けれどtelecookを広げていく上ではかかせないこの力の正体を明らかにしたい。本気で研究してみたい。そう考えためぐみさんは、仲間と共有しているslackで「さおり力」（さおりさんの人と人をつなげる力）を研究するスレッドを立ち上げたのです。

## ゴールを設定する

　そもそもめぐみさんは、なぜさおりさんを研究しようと思ったのか。そこには明確な目的（ゴール）がありました。それは、「telecookにおいて、さおりさんがもし何かの理由で参加できなくなってしまったら困る。誰が彼女の役割を担うことができるのか？」という危機感でした。つまり、TTPしないといけない強いニーズがあったのです。

そこから、「ほかの誰もが、さおりさんのような"つなげる力"を体得していけるように、再現性のあるモデルにしていこう」と現状把握を始めたのでした。

## TTPするところを見つける（因数分解する）

まず、めぐみさんはさおりさんの「すごい」と思うところを集め、因数分解していくことにしました。手順は次のとおりです。

1 さおりさんの言葉や行動をよく見て、気づいたことをメモしていく
2 さおりさんと付き合いのある人に、さおりさんについて「さおり力」として思いつくところを記載してもらう
3 収集した言葉から、共通する言葉や意味をめぐみさんの視点で整理する
4 整理したものを発表し、さおりさん自身も自分の言葉で整理する
5 さおりさんと付き合いのある人を招いて研究会を開催し、2および3を共有したうえで、参加者からのコメントやQ&Aを通じてさらに言語化を進める

この手順を何度か繰り返し、出てきたキーワードをグルーピングしていきます。グルーピングしたものにタイトルをつけ、「さおり力」を構成する要素としてまとめていきます。

ここでのポイントは、2であがってきた要素をどういった視点で整理するかというところです。めぐみさんの観点は、あがってきた要素と自分との差分でした。自分は関心があるけれど自分ができていないと思っているところです。

こうしてめぐみさんがまとめた「さおり力」の構造を、チームメンバーにシェアしていきました。

コミュニティに
風穴を開ける　　　コミュニティのハブになる　　　人の変容を促す

波を立てる　　　参加者を参画者にかえる

コミュニティ1　　コミュニティ2　　　　個別のフォロー

背中を押す　　愛のある無茶振り

人につながる・人をつなぐ　　　　　一人ひとり活躍できる機会づくり

人を誘う　　　　　　　　　　取り残されるヒトがいないように

愛　　　チャットする・言葉にする

うまくやらなきゃ
がない　　　　　　　　楽しさ　　　当たり前の凄さに気づく

明るさ　Welcome　　　　相手への関心・観察

自分で全部やらない
必要な人をつなぐ　　　笑顔　ポジティブ　　　　　個への興味

**図17**　メンバーから見た「さおり力」構造

# 自分に取り入れたいところを見つけて
やってみる

　誰かのすごいところに気づいたとしたら、多くの場合、それは自分自身の関心ポイントであり、制約条件理論でいうところの「弱いところ」なのです。自分に必要かつ足りないと思っているところが、TTPするポイントとなって相手の中に浮かび上がってくるというわけです。

　みかさんも、さおりさんの「人につながる・人をつなぐ力」をTTPしたいと思っていました。これまで自分は得意分野ではなかったけれど、さおりさんをお手本になら自分にもできそうだと考えたからです。
　さおりさんがどうやって人をつないでいるかをよく見て、同じように

やってみる。やってみてうまくいかなかったところ、出てきた疑問をさおりさんに質問してみる。この繰り返しでだんだんと習得していったのです。

このときのポイントは、**「素直に徹底的に真似してみる」**ことです。そして、やる前とやった後でどういう変化が起きたのかを記録しておくことです。記録することで、だんだんとどういった変化が起きてきているのか、その兆しに気づくことができます。

## 振り返り、学びのサイクルを回す

TTPする対象の行動と同じように真似をしていても、思っていたのと違う結果が起こることもあります。そこに、「進化」への糸口が隠れている可能性があります。振り返りを行うことで、その糸口を探り、学びのサイクルを回していくことができます。

さおり力研究では、TTPしたい人たちがやってみた結果をslackで共有したり、「さおり力研究会」と称したオンラインミーティングの場で発表、意見交換をしあったりしています。さおりさんは、やってみたメンバーからのフィードバックや質問に答えることで、自分自身がこれまで無意識に行っていた行動を改めて意識的に見なおすことになります。そこで改めてさおりさんから話される自分自身の行動研究結果から、メンバーはより深く学びを進めていきます。

こうした学びのサイクルを回すことで、TTPした人もされた人も、相互に自分たちの力を高め合う良い循環が生まれています。

## TTPされた本人の
## 自己理解が深まる（副次効果）

TTPSは、TTPする側だけでなくTTPされる側にもメリットがある、

Win-Win な仕組みです。人は多くの場合、自らが息をするようにできることには関心を払うことがありません。他者から見て「あの人はすごい」と言われても、何がすごいのか分からないことが多いものです。

　○○力研究では、メンバーが自分を TTP するために詳しく自分の行動の特徴や成果につながった要因を理解しようと研究します。アンケート結果やインタビューに対する受け答えを通じて、これまで自分が無意識のうちに行っていた行動を意識することができるようになります。「ジョハリの窓」でいう、「盲点の窓」を開いていくきっかけになりうるのです。

## ポイントは、優劣をつけないこと

　いいことづくめに見える○○力ですが、気をつけないといけないポイントがあります。それは、「あの人はすごい人」「それに比べて自分は足りないところだらけ」と比較し、相手との関係性に優劣をつけて捉えてしまうことです。

　**「人はそもそも違うものである」という前提に立つこと。**相手と自分を「比較」するのではなく「対比」することで、お互いの理解へとつなげていくことが重要です。「何のために、誰（どのような事例）から、何を TTP したいのか」。**常に目的に立ち返り、違いを面白がって取り組むことがうまくいくコツ**だと、めぐみさんは言います。

　さおり力研究から発した「○○力研究」は、身近なメンバーから学ぶことの面白さと、自分でもできそうだという手軽さ、そして自己理解・他者理解・相互理解に役立ちチームの関係性が良くなりそうだという期待から、広がりを見せはじめています。○○力研究のやり方そのものの研究も始まっています。

# 4　TTPSのさらなる可能性

　これまでご紹介したように、TTPS という方法は、方針、戦略、戦術といった組織経営から、パワーポイントの使い方といった日常動作まで、あらゆるシーンで使える方法です。

　日常でも仕事でも、何かを始めるとき、あるいは今ある状況を改善したいとき、ゼロから考えるのではなく、類似例はないかを探すところから始めると、先人の築いた知恵の上に持論を築いていくことができます。

　さらにそれが新たな「型」となり、また別の誰かが TTP する。それで TTPS ができたといえます。

「型」となるためには、一度やってうまくいくだけでなく、「再現性があること」が必要です。再現性を持たせるためには、構造化し、アナロジーをもって具体と抽象の梯子を上り下りしながら仮説検証を繰り返していきます。

　私たちは普段気づいていないだけで、無自覚に TTP していることは意外とあるものです。

　たとえばレシピ本。まずは、レシピ本に書かれている材料、分量を忠実に守って料理をします。そのレシピは、先人が試行錯誤のうえに見つけ出したもので、本にすることで再現性を持たせています。最初はレシピ本どおりに料理していた人も、次第にアレンジを加えたり、分量を自分なりに変えたりしていきます。もしかしたら、そのアレンジレシピが評判となり、新たにそれを TTP する別の誰かがでてくるかもしれません。

普段、無自覚にやっていることを自覚的にやることで、より効果的に進化させていくことができるのではないかと考えています。

　TTPがうまくいっているかいないかの違いは、振り返りを行っているかどうかです。自覚的に取り組めるようになることで、振り返ることができるようになります。振り返るためには構造化してみること。そして一人だけでやろうとしないこと。必ず明日からの一歩を決めて実行に起こすこと。

　TTPSという方法は、コツさえつかめばとてもシンプルで、誰にでもすぐできる方法なのです。

## 「あてにいく」習慣の罠

　このコラムでは、私（脇岡）がTTPS勉強会の事務局に入って最初に企画を立てたときの失敗談から学んだことをお伝えしたいと思います。

　TTPSとは、「ベストプラクティスを徹底的にパクって、進化させる」というシンプルな方法です。誰でも簡単に取り入れることができます。

　しかし、**「これをやったら絶対に失敗する」というポイントがあります。それは、正解を求めて「あてにいく」**ことです。あてにいくと、TTPSを行うときに必要な「現状把握」や「解釈」について思考を巡らせることができず、いきなり「介入」段階からスタートすることになり、手段や方法論だけに目が行きがちになります。結果として、そもそも何をTTPするのか、そのポイントを見つけることが難しくなってしまうのです。

　「あてにいく」ことは、ステークホルダーが多く、自分がメンバーの一人としてオーナーシップを持ちづらい場合に特に起きやすいと考えています。

　プロジェクトは多くの場合、発注者であるプロジェクトオーナー、全体の責任を追うプロジェクト責任者、管理を行うプロジェクトマネージャー、各工程のリーダー、メンバーと、複数のステークホルダーにより実行されます。大規模プロジェクトになると、さらに役割が分割され、多くの関係者が名を連ねることになるでしょう。小規模なものでも、少なくともプロジェクトオーナー、プロジェクトマネジャー、メンバーの3人以上でチームが構成されていて、それぞれの役割をもって業務を遂行します。

プロジェクトが成熟したものであればあるほど、手順は整えられマニュアル化され、誰もがその通りにやれば実行できるようになっています。このおかげで、一人では成し得ない成果を、チームで安定して効率的に出していくことができます。

　一方で、やり方を間違えると思考停止を招き、形式知は表層化し、メンバーが上から提示される「正解」を無意識に探ってしまう可能性も秘めています。結果として、メンバーがオーナーシップを持ちづらく、意思決定者あるいは声の大きい人の考えに「あてにいく」という行為につながるのではないかと考えています。

　状況によっては、それも必要なことかもしれません。けれども「自律自転する、学習し続ける組織」においては、一人ひとりが持論を持った探究者であることが前提であるため、組織づくりがうまくいかない可能性が高まるのです。そして「正解を求める」ことは思考のクセとなり、時として思わぬところで顔を出したりします。

　TTPS勉強会の企画は、挙手制です。そのとき自分がやりたいこと、関心のあるテーマを軸にこの場で何をTTPSするのかを考え、事務局ミーティングの場で発表します。テーマの発案者がオーナーとなり、メンバーとディスカッションしながら企画を具体化していきます。

　ある日の事務局会議で、「そろそろ肬岡さんも一人で企画してみたら？」という話になりました。確か、私が事務局に入って3回目のTTPS勉強会後に行われた事務局振り返り会でのことでした。私は張り切ってすぐに5つのテーマ案と企画概要を出しました。自分でもTTPしてみたいことがたくさんあったのです。事務局会議で中尾さんや鈴木さん、他のメンバーが出していた企画概要を真似て、自分なりの仮説をもって挑んだつもりでした。5つのテーマはいずれも「面白そうだ、やってみよう」となりました。

　ところが、「で、肬岡さんはどれをやりたいの？」と尋ねられた

とき、私は即答することができませんでした。今思えばこれが、最初の「違和感」でした。

　ひとつを選び、企画を具体化していく段階になりました。概要を見せたときと違って、さっぱりうまくいきません。いくら説明しても「肱岡さんが何をTTPしたいのか分からない」と言われてしまうのです。私の説明の仕方が悪いのか、テーマ選定が合っていないのか、次第に何がうまくいっていないのかも分からない状態になりました。

　それでも事務局メンバーが根気よくディスカッションに付き合ってくださり、講師にも積極的に企画のブラッシュアップに協力いただけたおかげで、なんとか初めてのTTPSテーマオーナー回を終えることができました。季節は秋、空調もある会議室で行いましたが、終わってみると汗びっしょり。翌日はなぜか全身筋肉痛でした。これまでも仕事で企画立案から実行までをやりきった経験はありますが、これまでにない頭の使い方をしてへとへとになりました。そのときは、いつも自分がやっていたことと、TTPSという方法に挑戦した今回とで何が違うのか、もやもやが残っていました。

　そのもやもやの正体が見えてきたのが、しばらくして新しく事務局入りしたメンバーが企画を立てたときに私と近しい状況になったのを見たときでした。
　同じように「何をTTPしたいのか分からない」と言われ、そのメンバーにも困惑が見えました。そこで私は、自分も同じ状況に陥ったこと、そのときどうやって乗り越えてきたかを伝えました。そのうち、不思議とそれは自分自身に対する言葉のように聞こえてきて、なぜ自分がTTPSという方法をうまく使うことができなかったのかが見えてきたのです。それが、「正解をあてにいく」でした。
　私は、課題を前に進めるためにベストプラクティスから何をTTP

すればいいのか、その成功要因の「正解」が、中尾さんや鈴木さんをはじめとする他の事務局メンバーの頭の中にあると思い込み、無意識のうちにそこに答えを求めていたのです。

　TTPSサイクルは、持論をベースとした仮説の検証を繰り返していく中で起こります。そのためには、核となる「持論」が必要です。私はその持論を持たず、誰かの頭の中にあるものとして探るような方法をとっていました。しかし、それは誰の中にもまだないものなのです。ないものを探していたので、「肱岡さんは何をTTPしたいの？」と問われていたのでした。

　TTPSはシンプルな方法ですが、ひとつ、日常的に意識していないと身につかない能力を必要とします。それは、TTPしたものを進化させるのに必要な種を見つける「目利き」の能力です。進化の種は、ベストプラクティスをTTPするだけでは対応できない例外対応の中にあります。数ある例外対応の中で、どれが進化の種であるかは、誰も答えを持っていないのです。

　このとき、その種を自分一人の力だけで見つけようとするのは困難です。一人でできることには限りがあるということを自覚し、周りに助けを求め、巻き込むことです。つい、周りに助けを求める＝自分の能力がないことを示すのではないかと不安になりがちです。けれども、真に自分が成し遂げたいことの前では、そのようなことは些末なものです。だからこそ、自分が成し遂げたいこと、自分の軸をしっかり自覚していくことが必要です。
　TTPSという方法は、実行する過程の中でこれまで無自覚であった自分の軸に気が付くことができるひとつの機会でもあります。自分の軸と持論を持つメンバーが増えていくことで、組織が「自律自転の学習し続ける組織」へと変わっていくのです。

# 5章

# 自律自転する
# 人と組織に向けて

著者の一人である鈴木は、自律自転する組織づくりに20年以上携わってきました。その中で読者の皆さんの参考になる話をご紹介します。

# 1 学び方を知っているか、協力し合うことができるか

## 「学び方」を知っているか

鈴木の原点は学生時代に所属していたボート部にあります。TTPSが良い組織づくりに役立つと感じたのは、この原体験からきています。

ボート競技のゴールは、タイムを縮めることです。そして、あるレベルまで到達すると、それ以上タイムを縮める正解は、誰も知らないのです。何がうまくいくのかは、仮説を立てて、試してみるしかない。そして、その結果を振り返る。この学びの積み重ねで、1秒1秒タイムを縮めていくのです。

仕事でも同じです。あるレベルを超えると、誰かに教えを請うのではなく、自ら仮説を立て、実際に試してみて、そうしてうまくいったものが正しい方法なのです。

たとえば営業の仕事を例に考えてみます。

あるレベルまでは、営業マニュアルどおり、あるいは先輩の指示どおりに行動することで成果が出ます。ところが、あるレベル以上になると、それだけではうまくいかないことがあります。そこで、「マニュアルが悪い」「先輩の指示が悪い」などと言ったところで、結果は変わりません。

特に変化が大きい現在では、そのようなことが起きる可能性がどんどん高まっています。正解は、誰も知らないのです。何がうまくいくのか

は、仮説を立てて、試してみるしかない。そして、その結果を振り返る。この学びの積み重ねで、成果を出し続けるのです。

これが答えが分からない中での「学び方」なのです。

## 協力し合うことができるか

組織の中では、「協力し合ったほうがいいのにできない」といったことがしばしば起こります。相手を助け、分かち合うことを阻害するものは何でしょうか? それはどのようにして乗り越えられるのでしょうか?

答えが分かっている状況では、マニュアルどおりにすればよいのです。ところが答えが分からない状況では、仮説を立てて、試してみるしかない。つまり試行錯誤が必要です。

こうしたときに避けて通れないのが「失敗」です。失敗を喜ぶ人はいないでしょう。けれど、そこを超えなければ、その先にある「分かった! 見つけた!」という発見の喜びにたどり着くことはできません。エジソンが安価な電球を作るまでに約2000個のフィラメントを試した話は有名です。つまり2000回の試行錯誤を繰り返したのです。

2000回の試行錯誤を経れば成功するともし分かっていれば、失敗も怖くありません。しかし現実には、試行錯誤の間は不安との戦いです。

そうすると、失敗が起きたときに厄介なことが起きます。それは「犯人探し」です。犯人探しの結果、その人に反省を求めます。そして得られることは、失敗を防ぐことではなく、試行錯誤という「学習する機会」が止まってしまうだけなのです。

この「失敗が怖い」「犯人探しをしてしまう」という発想を打破する必要があります。たくさんの試行錯誤をすることがいいのだと体感する方法はないかと考え、鈴木はボードゲームをつくりました。協力し合わないと勝てないゲーム。名づけてTTPSゲームです。

# 2   TTPSゲーム

　TTPSゲームは、「全員が協力し合い価値創造するチームになる」ことを目的においた、ボードゲームです。ボードにはTTPSの取り組み方が、カードには協力し合って価値創造するための12の行動指針が書かれています。

　タイムオーバーまたは山札がなくなるとゲームオーバーです。ゲーム中にやってはいけないことはひとつです。それは、自分の手札を相手に見せたり教えたりすることです。それ以外は、相談など何をしてもOKです。この相談など何をしてもOKが協力し合うためのポイントなのです。

　ゲームのルールは、最低限のことしか知らされません。どうすればゴールにたどり着けるかということだけです。そうすると、多くの人はどうしたらよいのか分からず、不安になり、失敗を恐れ、防衛的になり、自分だけに意識が向きます。ゲームに限らず、新しいことをするときにはだいたいこんな気分になるわけです。

　プレイ時間は説明含めて1時間。参加者全員が協力すれば、全員が勝利できるというルールになっています。しかし反対に、誰かが自分だけ勝とうとすると、全員が負けてしまうのです。

　皆で協力するためには、状況が良くない人が、「困っているので、助けてください」と声をあげられるかどうかがポイントです。そして、これをきっかけに、全員がお互いのサポートをしはじめ、楽しくゴールを達成できてしまいます。仕事の取り組みも皆で協力し合って進めたほうが楽しく成果も上がるのではないでしょうか？　これを体感できるゲームなのです。

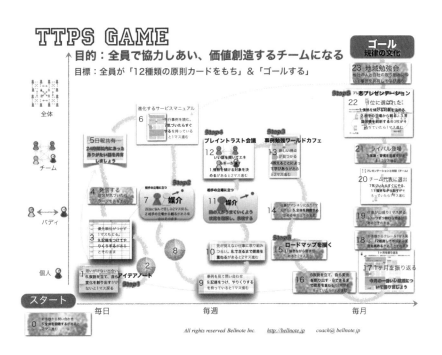

**図18** TTPSゲームのゲームボード

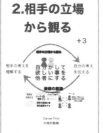

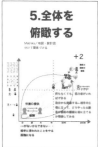

**図19** 協力し合って価値創造するための12の行動指針

初めての仕事に取り組むときも同じです。

　組織での状況を見てみると、誰かがうまくいっていないとき、その本人は、自分で何とかしようと考えます。うまくいっているときは、全体のために自分がどう貢献できるかを考えています。

　**自分のことより、人を助けようとするときのほうがなぜかいいアイデアが出ることがあります。**自分一人で何とかしようと悩み続けるより、皆で協力し合って進めたほうが楽しく成果も挙がるのではないでしょうか？

　自分は何ものでもないと感じてどこか受け身的でいるような人でも、ある「組織風土」にいるうちに、創造的な仕事ができるチームメンバーになってしまう。誰でも、「やればできるようになる」。TTPSという方法を活用して、自律自転の学習し続ける組織を目指すことで、こうした風土づくりにつながっていくことでしょう。

## おわりに

　最後までお付き合いいただきありがとうございました。

　締めくくりに、鈴木からひとつ、「具体的にやるとよい」ことについてアドバイスをさせてください。
　それは、**「あなたが最も関心の高いテーマについて、自ら勉強会を主催する」**ことです。

　「勉強会の主催」というと、やったことがない人にとっては何だか大変そうに思えるかもしれません。ところが、勉強会を主催することの良さは、コストパフォーマンス（投資対効果）の高さにあります。つまり、かける時間やエネルギーに対してのリターン（見返り）が大きいのです。

　人生は出会いと経験から何を学んで変わっていったのかで決まるのですが、勉強会を主催することでその質が大きく変わります。私自身、TTPS勉強会を主催することで、人との出会いの質が変わっています。
　（現在は多くの仕事を、この本の中に出てくる中尾さん、後藤さんと進めています）

　勉強会が学会のように仮説の発表や検証の場となって、そこからタクトルやOJTマネジメントなどの新しい商品やサービスが立ち上がってきています。また、ここからさまざまな人とのネットワークもでき、この勉強会をやっていてよかったなぁとつくづく感じています。

　長きにわたって続けてこられたのは、自律自転の組織づくりが、私自身にとって人生をかけて成し遂げたい活動であったことと、中尾さんとのパートナーシップによるところが大きいのです。
　そのきっかけは、なんといっても田坂広志先生に、お忙しい中にもかかわらず、1時間にわたって中尾さんと二人でお叱りを受けたことでし

た。田坂先生にあの1時間は意味があったのですねと言っていただくために、私たちが主催しているTTPS勉強会を100回継続して先生をゲストにお迎えすることを目標に、ここまで続けてくることができました。

田坂先生には、大学院での指導教官として、私の大学でのボート部経験とリクルートでの経験から、自律自転の組織のモデルを論文に書き上げる指導をいただきました。田坂先生とのご縁は、本を読んで、感想を送ったところから始まりました。その後、大学院教員になられたことを知り、自分自身が新規事業を立ち上げるために、リクルートの研究所に異動になったタイミングで大学院に進学しました。ここで、現在私が価値創造の拠り所としている『知識創造の方法論』の共著者である紺野登先生と出会います。

勉強会のスタートは、『7つの習慣』の研修に参加してくれた社長たちとの勉強会からでした。皆さんが、ただ研修を受けただけでは「いい話を聞いた」で終わってしまい、学んだことが習慣として無意識にできるレベルに到達しないのをなんとかしたかったのです。

そのタイミングで出会ったのが、コーチングでした。社内報に活躍しているOBとして榎本英剛さんが紹介されていて、話を聞きにいったタイミングが、マーシャル・ゴールドスミスが来日して第1回コーチングカンファレンスが開催されたときだったのです。この勉強会で社長たちと一緒に取り組んだ研修とフォローのコーチングが、新規事業開発として研究所への異動につながりました。

私が主催している「ありえる楽考」という勉強会では、自らの関心からプロジェクトや部活を立ち上げることを推奨しています。

自分の関心から始めたプロジェクトを何とかして実現しようとするときに、学びが最も大きくなるからです。

あなたが立ち上げる勉強会は、あなたにとっての研究所（さまざまな試

行錯誤をする場所）になって、あなたの成し遂げたいことの実現にきっと役に立ちます。

　本を読んで、「いい話を聞いた」だけで終わらずに、ぜひ、ささやかな第一歩を踏み出してみてください。

　自らつくり出した機会があなた自身を変え、変わったあなたを見て、周囲が影響を受けて変化をし、その周囲に影響を受けて、あなた自身の変化が持続してゆきます。

2020年12月　鈴木利和

# 謝 辞

　まずはじめに、この本を手に取り、最後まで読んでくださった読者の方に感謝します。

　初期段階の原稿を読んで、貴重なコメントをくださったTTPS勉強会参加者のみなさま、ありえる楽考のみなさま。執筆を応援してくださったTTPS勉強会事務局メンバーのみなさん。事例取材に協力いただいた加藤めぐみさん、三橋沙織さん、吉田美香さん。素敵なイラストを提供くださった杉浦佐知子さん。図表制作をはじめ、アイデア出しにも協力してくださった平手喬久さん。たくさんの仲間の支えがあって、この本ができあがりました。

　最後に、編集教室の最終課題で提出した企画を、書籍出版まで導いてくださった千葉正幸さん。最終課題を提出したとき、まさか本当に本になるとは思ってもいませんでした。TTPSという方法を、たくさんの方に知ってもらえる機会をありがとうございます。

　本の中で何度も書いていますが、人が一人でできることには限りがあります。なんでも一人でやろうとせず、誰かと一緒にやってみる。TTPSという方法を知り、使い倒してみて、学び合う仲間が増えていく。そうすることで、私たちの毎日がほんのちょっとでも楽しくなる。そうした積み重ねが、良い組織をつくる。良い組織が増えていけば、よい世の中になっていく。そう信じて、これからもTTPSという方法を探究していきます。

著者一同

# 学びを最大化する
# TTPSマネジメント

発行日　　　　　　2020年12月20日　第1刷

Author　　　　　　中尾隆一郎　鈴木利和　肱岡優美子
Book Designer　　 小口翔平＋三沢稜＋阿部早紀子（tobufune）

Publication　　　　株式会社ディスカヴァー・トゥエンティワン
　　　　　　　　　〒102-0093　東京都千代田区平河町2-16-1 平河町森タワー11F
　　　　　　　　　TEL　03-3237-8321（代表）　03-3237-8345（営業）
　　　　　　　　　FAX　03-3237-8323
　　　　　　　　　https://d21.co.jp

Publisher　　　　　谷口奈緒美
Editor　　　　　　　千葉正幸

Publishing
Company　　　　　蛯原昇　梅本翔太　千葉正幸　原典宏　古矢薫　佐藤昌幸　青木翔平　大竹朝子
　　　　　　　　　小木曽礼丈　小山怜那　川島理　川本寛子　越野志絵良　佐竹祐哉　佐藤淳基
　　　　　　　　　志摩麻衣　竹内大貴　滝口景太郎　直林実咲　野村美空　橋本莉奈　廣内悠理
　　　　　　　　　三角真穂　宮田有利子　渡辺基志　井澤徳子　藤井かおり　藤井多穂子　町田加奈子

Digital Commerce
Company　　　　　谷口奈緒美　飯田智樹　大山聡子　安永智洋　岡本典子　早水真吾　三輪真也
　　　　　　　　　磯部隆　伊東佑真　王廳　倉田華　榊原僚　佐々木玲奈　佐藤サラ圭　庄司知世
　　　　　　　　　杉田彰子　高橋雛乃　辰巳佳衣　谷中卓　中島俊平　野﨑竜海　野中保奈美
　　　　　　　　　林拓馬　林秀樹　三谷祐一　元木優子　安永姫菜　小石亜季　中澤泰宏　石橋佐知子

Business Solution
Company　　　　　蛯原昇　志摩晃司　藤田浩芳　野村美紀　南健一

Ebook Group　　　松原史与志　西川なつか　牧野類　小田孝文　俵敬子

Business Platform
Group　　　　　　大星多聞　小関勝則　堀部直人　小田木もも　斎藤悠人　山中麻吏　福田章平
　　　　　　　　　伊藤香　葛目美枝子　鈴木洋子　畑野衣見

Corporate Design
Group　　　　　　岡村浩明　井筒浩　井上竜之介　奥田千晶　田中亜紀　福永友紀　山田諭志
　　　　　　　　　池田望　石光まゆ子　齋藤朋子　丸山香織　宮崎陽子　青木涼馬　大竹美和
　　　　　　　　　大塚南奈　越智佳奈子　副島杏南　田山礼真　津野主揮　中西花　西方裕人
　　　　　　　　　羽地夕夏　平池輝　星明里　松ノ下直輝　八木眸

Proofreader　　　　文字工房燦光
DTP＋図版作成　　 dig
Printing　　　　　　日経印刷株式会社

ISBN978-4-7993-2699-2

# 『学びを最大化するTTPSマネジメント』
# 購入者特典

**特典 1**

プリントアウトして書き込みできる！
**TTPSシート & G-POPシート** (PDF)

**特典 2**

著者・中尾隆一郎と鈴木利和の特別対談（PDF）
**「自律自転の学習し続ける組織と TTPSという方法」**

## アクセスはこちらから！

https://d21.co.jp/
feature/ttps/

ID  discover2699
PW  ttps

上記URLよりご登録いただいたメールアドレスに
PDFデータをお送りいたします。

本特典は事前の通告なしにサービスを終了することがあります。

人と組織の可能性を拓く
ディスカヴァー・トゥエンティワンからのご案内

本書のご感想をいただいた方に
# うれしい特典をお届けします!

特典内容の確認・ご応募はこちらから

https://d21.co.jp/news/event/book-voice/

最後までお読みいただき、ありがとうございます。
本書を通して、何か発見はありましたか?
ぜひ、感想をお聞かせください。

いただいた感想は、著者と編集者が拝読します。

また、ご感想をくださった方には、お得な特典をお届けします。